KB040411

사진과 인물로 보는

김구와 난징의
독립운동가들

일러두기

· 본문에 나오는 외래어는 외국어 발음 규칙에 따라 명기했지만 상황에 따라 더 익
  숙한 이름은 그대로 썼음을 미리 밝힙니다.
· 저자가 인용한 참고자료와 인용서적 출처를 제외하고, 본문의 괄호 안 내용, 주석,
  부록은 옮긴이의 설명입니다.

사진과 인물로 보는

김구와
난징의
독립
운동가들

장위안칭(張元卿) 지음
박지민 옮김

난징에 있는 민국시대의 오래된 주택지역 푸청신춘(复成 新村)을 연구하는 과정에서, 나는 김구와 난징의 역사가 밀접한 관계가 있는 것을 발견했다. 자료를 찾다 보니 의 미는 물론 흥미로운 지점이 꽤 있는데도 그 역사적 가치가 아직 제대로 알려지지 않은 것 같아 김구가 난징에 머물 렀던 시기를 연구하기로 결심했다.

8년 전 난징으로 옮겨온 후, 나는 이 도시를 관찰하고 연 구하기 시작했다. 난징을 이해하고 알아갈수록 이전에 많은 연구자들이 난징의 역사를 습관적으로 개략적인 거시적 서사로 보고 있음을 알게 되었다. 건축물의 붕괴 와 사료의 유실로 인해 수많은 역사의 세세한 부분이 점 차 사라지고 잊히고 있었다. 연구하고 기억할 가치가 있는 의미 있는 사건을 고증할 만한 디테일이 점점 사라지고, 연구자들은 늘 해오던 이야기만 답습하고 있어서 난징에 관한 주제는 새로운 것이 없다 보니 더 이상 궁금하지도 않게 되었다.

김구와 대한민국임시정부에 대해서는 이미 수많은 논저가 나와 있다. 그 때문에 더는 다룰 만한 의미나 신선한 주제는 없어 보인다. 하지만 난징의 도시 역사라는 시각에서 본다면 이미 나온 논저들은 그 의미와 치밀한 고증에 보편적인 문제를 갖고 있다. 아직 명확하게 밝혀지지 않은 사실들이 많아서, 같은 책에서도 서로 모순되는 부분을 심심치 않게 볼 수 있다. 또 아주 중요한 주제인데도 아직 연구자의 주의를 끌지 못한 분야도 꽤 있다. 그 때문에 연구 초기에 마주한 자료들은 모호하고 분분한 의견과 난삽하고 조리 없는 글들로 이루어져 있었다. 물론 그 속에서도 연구할 만한 여지가 꽤 있었다.

연구가 깊어질수록 나는 이 연구의 범위가 매우 광범위함을 발견했다. 다양한 관계들을 정리하고 나니 마치 구름 속에 가려진 해를 보는 듯한 날들이 이어졌고 그 재미와 기쁨은 점점 더 깊어졌다.

1년이 지나자 문제들이 어느 정도 해결되었고 이제 책

을 써도 되겠다는 자신감이 들었다.

2018년 무술년 정월에 시작한 집필이 올해 초에 끝이 났다. 아직 정월이 끝나지 않았다.

이 책은 길지 않은 글이지만 내용은 대형 시리즈의 구조를 따라 기획하였다. 다시 말해 역사 정리를 날실로 하고 사소한 부분의 고증을 씨실로 하여, 규모는 작지만 내용은 체계적으로 엮으려 노력했다. 모두가 다 아는 사실은 이것저것 잡다하게 넣지 않고 과정의 명확함만을 담고자 했다. 또 오랫동안 소홀히 다뤄졌던 사소한 부분이 역사 속에서 어떻게 작용했는지에 대해서도 아쉬움 없이 다루었다.

과거 논저의 불명확한 논조는 고증을 통해 그 부족함을 보완하고자 노력을 기울였다. 또 여러 가지 해석이 분분한 경우에도 판별과 분석이 가능하다면 소통을 위한 복잡한 과정을 마다하지 않았다. 중요한 세부 사항은 원래 모습을 재현할 수 없는 경우에는 다양한 사진을 적절하게 인용하여 역사적 공간을 풍성하게 만들려고 했다.

그런데도 나의 식견과 공력의 한계로 인해 이 책은 공(功)과 실(失)을 피할 수 없으니 부디 양해를 바란다.

연구와 집필 과정에서 귀중한 자료들을 많이 제공해주

었고, 함께 의견을 나누고 토론하면서 많은 깨달음을 얻도록 도와준 인인(尹引) 형에게 특히 감사의 마음을 전한다.

이 책의 마지막 부분을 쓸 때 《현대지정학의 거두 샤오정 박사 약전(当代地政太陆萧铮博士穿略)》을 읽었다. 이 책에서 저자 위팡(魏方)이 공저자 천타이셴(陈太先)에게 준 칠언시를 샤오정이 읽고 감상에 젖어 화답했다는 구절이 있다. 위팡의 시에 이런 구절이 있었다.

'사람은 세상을 떠나면 다시는 돌아올 수 없으니, 흘러가는 강물처럼 그 그리움은 끝이 없다(鹤驾不回天地老, 江流难尽古今思).'

책이 완성되어 붓을 멈췄을 때, 바로 이 시구가 마음속에 떠올랐다.

2018년 3월 12일
난징에서

목
차

9장 | 황급히 난징을 떠나다

10장 | 난징의 대한민국 주중국 대표단

프롤로그

홍커우공원에서
시작되는 이야기

1932년 상하이에서 세상을 놀라게 한 홍커우(虹口)공원(현재의 루쉰공원) 폭탄 투척 사건이 일어났다. 이 사건에 대해《한국 독립운동과 중국 관계 편년사(1919-1949)》에서 다음과 같이 기술했다.

"……1932년 4월 29일 한인애국단(韓人愛國團) 단원 윤봉길이 김구의 명을 받아, 상하이 홍커우공원에서 열린 전승 기념 및 일왕의 생일인 천장절(天長節) 기념식장에 잠입했다. 그날 일본 육군 대장 시라카와 요시노리, 주중 일본 공사 시게미쓰 마모루, 육군 중장 우에다 겐키치, 해군 중장 노무라

기치사부로, 상하이 총영사 무라이 구라마쓰, 상하이 거류 민단장 가와바타 데이지 등 군과 정계 주요 인사들이 단상에 모여 있을 때, 윤봉길이 폭탄을 던졌다. 당시 폭발로 가와바타 데이지와 시라카와 요시노리는 치명상을 입어 사망했고, 시게미쓰 마모루를 비롯한 다른 이들도 큰 부상을 입었다. 윤봉길은 목적을 이룬 것을 확인하고 두 팔을 높이 들고 '대한독립 만세'를 외친 다음, 바로 일본 군경에게 잡혔다. 이 일이 바로 세상을 놀라게 한 '상하이 홍커우공원 의거'이다.
......"

이 사건으로 일본 정계와 군부 요인(사진 1) 다수가 사망하거나 크게 다쳐서 당시 사회에 엄청난 파장을 일으켰다. 매체들은 이 사건을 '홍커우공원 폭탄 투척 사건' 또는 '홍커우공원 폭발 사건'이라 칭하며 대대적으로 보도했다.

같은 해 12월 한인애국단이 정리한 〈홍커우공원 폭탄 투척 의거의 진상〉에서 당시 현장 상황을 다음과 같이 기록했다.

★ 사진 1 ─ 홍커우공원 의거로 사망했거나 부상을 입은 일본의 군부 요인들. 상단 왼쪽
에서 오른쪽으로 가와바타 데이지, 무라이 구라마쓰, 노무라 기치사부로. 하
단 왼쪽에서 오른쪽으로 우에다 겐키치, 시라카와 요시노리, 시게미쓰 마모루.
『톈진상보화간(天津商報画刊)』 1932.

"……청년이 두 팔을 휘두르자 물병이 단상을 향해 높이 날
아갔다. 폭발하는 소리와 함께 충격으로 천지가 진동했고,
단상 위의 인물들이 비명을 지르며 쓰러졌다. 시간은 오전
10시 40분이었다. 가와바타 데이지는 복부가 터져 즉사했

고, 상하이를 침략한 육군 대장 시라카와 요시노리는 온몸에 큰 파편 204개를 비롯해 작은 파편이 셀 수 없이 박혔다. 치명상을 입은 그는 5월 26일 사망했다. 제3함대 사령관 노무라 기치사부로는 한쪽 눈의 안구가 돌출되었고 결국 실명했다. 제9사단 사단장 우에다 겐키치는 한쪽 다리를 잃었고, 주중 일본 공사 시게미쓰 마모루는 목숨은 건졌지만 다리를 잃어 장애인이 되었다. 그밖에 상하이 총영사 무라이 구라마쓰, 거류민단 서기장 도모노 모리와 일본 군인 다섯이 크게 다쳤다. 왜적은 모두 우왕좌왕했고, 일왕의 생일 축하를 위한 21발의 예포는 폭탄 소리로 인해 멈췄다. 장엄한 경축회는 순식간에 처참한 아수라장으로 변했다. ……"

홍커우공원 폭탄 투척 사건은 한인애국단 단장 김구와 단원 윤봉길이 함께 계획하고 행한 의거이므로, 이 사건의 내막을 이해하려면 먼저 김구라는 인물을 알아야 한다.

★ 사진 2 ─ 홍커우공원 폭탄 투척 의거의 진상이 1932년 12월 1일에 발행한
《도왜실기(屠倭實記)》에 실렸다. 사진은 《도왜실기》

김구(1876~1949).

본명은 창수(昌洙). 호는 백범(白凡). 황해도 해주 출신. 일제
강점기의 독립운동 지도자. 대한한국임시정부와 한국독립
당 창당자 중 한 사람이다. 1919년 4월 13일 한국을 떠나 상하
이로 망명해 대한한국임시정부에 참여했다. 1919년 8월부터

1945년 11월까지 대한한국임시정부에서 경무국장, 내무총장, 국무령, 외무장, 임시정부 국무위원회 주석 등을 역임했다. 1929년 한국독립당을 발기했고, 1931년 12월 상하이에서 일본 군정 요인 암살을 목적으로 하는 한인애국단을 조직하고 단장을 맡았다. 중국 항일전쟁 기간에 한국광복군을 조직해 항일 활동에 참여했다. 1945년 일본이 투항하고 난 뒤, 그해 11월 25일 한국으로 귀국했다. 귀국 후 신탁통치 반대운동을 전개하고 남북통일을 주장해 이승만에게 배척당했다. 1949년 6월 26일, 자택에서 육군 포병 소위 안두희에게 피살당했다. 김구는 '한국의 국부'라 불릴 만큼 명망이 높은 인물이다.

임시정부 초기 김구는 경무국장, 내무총장에 불과해 임시정부에서 지위가 그리 높지 않았다. 그러나 김구는 두 사건을 통해 자신의 지위를 높였고, 점차 임시정부의 실력자로 자리잡아 마침내 임시정부의 주석이 되었다. 그 첫 번째 사건이 바로 1930년 한국독립당을 설립한 것이다. 한국독립당의 설립으로 김구는 점차 임시정부의 한 당파의 지지를 얻었고, 결국 한국독립당은 임시정부의 당권을 장악하게 되었다.

두 번째 사건은 1931년 한인애국단을 조직한 것이다. 김구는 1932년 5월 〈신보(申報)〉에 실린 '훙커우공원 폭탄 의거에 관해 고함'에서 한인애국단에 대해 다음과 같이 소개했다.

"한인애국단은 애국 동지들을 모아 조직하였으며, 그 목적은 무력으로 조국을 구하는 것이다. 오직 자원하여 아무 대가 없이 희생자가 되어야만 비로소 단원이 될 자격이 있다. 무릇 단원의 추대와 승인은 각각 다른 사람이 주관하기 때문에 단원들은 서로를 전혀 알지 못한다. 심지어 다른 단원의 이름조차도 모른다. 단체는 회의를 열지 않으며, 우리의 업무 진행은 절대 비밀이다. 우리는 적의 중요 인물을 암살하고 적의 행정기관을 파괴하여, 조국의 독립을 이루려 한다."

한인애국단 단원 윤봉길의 홍커우공원 폭탄 의거의 성공으로 김구의 정치적 지위는 높아졌다. 그뿐만 아니라 이 사건은 이후 임시정부의 운명을 바꾸고, 나아가 중화민국 국민정부와 대한민국임시정부의 관계도 바꾸어 결국에는 한국과 중국의 항일 동맹을 이루어냈다.

홍커우공원 의거 직후, 일본 특무대가 상하이에서 김구를 비롯한 한국 항일 요인들을 체포하는 데 혈안이 되자 김구는 서둘러 자싱(嘉興)으로 몸을 숨겼다. 임시정부도 항저우

韓人愛國團團長

白凡金九先生

★ 사진 3 ― 한인애국단 단장 김구

(杭州)로 옮겼고 이후 자싱과 전장(镇江)을 거쳐 1935년 11월 난징으로 옮겨왔다. 김구는 1937년 11월 철수하기 전까지 난징에서 2년간 머물렀다.

홍커우공원 의거 이후 상하이를 떠나 있던 1932년 12월. 김구와 장제스(蔣介石)가 난징에서 처음 만났다. 그 만남 이후 국민정부는 대한민국임시정부의 항일 활동을 적극적으로 지원하게 되었다. 난징은 그때부터 점차 김구가 이끄는 대한민국임시정부의 활동 중심지가 되었다.

김구가 난징과 인연을 맺고, 난징에서 항일 활동을 전개하며 난징이 대한민국임시정부의 활동 중심지가 된 그 뿌리를 찾아 올라가보면 그 시작은 홍커우공원 폭탄 의거와 관계가 있다. 따라서 난징에서 보낸 김구의 삶을 다룰 이 책은 홍커우공원 폭탄 의거가 일어난 시점에서 시작해야 한다.

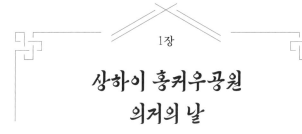

1장

상하이 홍커우공원
의거의 날

김구와 홍커우공원
폭탄 투척 사건

1932년 4월 29일, 상하이 홍커우공원에서 폭탄 투척 의거가 일어났다.

5월 10일 김구는 〈신보(申报)〉에 '홍커우공원 폭탄 투척 의거에 관해 고함'이란 글을 발표해 사건의 경위에 관해 설명했다. 그 내용은 다음과 같다.

"……일본은 이번 홍커우공원 폭탄 투척 사건을 모(某) 한인

단체와 관련지어 한국 독립운동가들을 일망타진하려는 자신들의 목적을 달성하려 애쓰고 있다. 하지만 여전히 진상조차 제대로 파악하지 못하고 있다. 이런 상황에서 상하이에 살고 있는 한인들이 가장 먼저 타격을 입고 있다. 구인장도 없이 무고한 한인들을 함부로 잡아들이고 있으며, 도쿄와 고려 본국의 한인들도 그 영향을 받고 있다. 그러나 이번에 체포된 한인들은 이 사건과 아무 관련이 없다. 나는 이번 사건을 도모한 사람으로 인도와 정의를 위해, 그리고 일본의 침략 정책을 타도하는 일에 많은 사람들이 함께하도록 환기하고자 이 사건의 진상을 세계에 알리고자 한다. 나는 이미 상하이에 없으므로 숨김없이 솔직히 말할 수 있다.[1]……"

◉ 虹口公園
炸彈案之二函

▲▲自署韓人愛國團金九

▲述謀刺日要人之經過

昨日郵局遞到本埠所發之一函、啓緘視之、內爲英文打字之文件、題爲「虹口公園炸彈案之眞相」、並附左列照相一幀、茲將該文迻譯如左、

虹口公園之炸彈案、日方力闢與某機關相關連、以求達其目的、眞相今獨陷於黑暗之中、旅滬韓人首受打擊、竟不加頸別、不發拘票、濫予逮捕、即在東京與高

★ 사진 4 — 홍커우공원 폭탄 투척 의거에 관해 고함, 〈신보〉, 1932.

홍커우공원 의거가 일어난 뒤, 김구는 국민정부의 도움을 받아 상하이에서 자싱으로 옮겼다. 앞의 글은 상하이를 떠나기 전에 머물렀던 조지 애시모어 피치(George Ashmore Fitch) 선교사 집에서 구술한 내용을 엄항섭(嚴恒燮)이 정리하고, 제랄딘 피치 부인이 영어로 번역한 다음 〈신보〉에 보낸 것이다. 원제는 '홍커우공원 폭탄 투척 사건의 진상'이다.

김구는 홍커우공원 의거를 주도한 사람이다. 김구는 의거가 일어나기 사흘 전인 4월 26일에 윤봉길을 만나 함께 사진을 찍었고 윤봉길은 김구에게 시 한 수를 선물했다. 두 사람이 헤어질 때, 김구는 윤봉길에게 황천에서 다시 만나자고 했다.

★ 사진 5 — 김구와 윤봉길

巍巍靑山兮 載育萬物
青靑蒼松兮 不變四時
灌灌鳳翔兮 志氣千仞
擧世皆濁兮 先生獨淸
老當益壯兮 先生義氣
臥薪嘗膽兮 先生壽誠

白凡先生에게

尹奉吉義士擧義虹口前義金九先生에게歌

★ 사진 6 — 윤봉길 의사가 의거 전에 김구에게 준 한시

028

백범 선생에게

巍巍靑山兮 載育萬物
높이 우뚝 솟은 푸른 산이여
만물을 품어 기르는구나
杳杳蒼松兮 不變四時
저 멀리 곧게 서 있는 푸른 소나무여
사시장철 변함이 없구나
濯濯鳳翔兮 高飛千仞
빛나는 날개를 펄럭이며 나는 봉황이여
천 길 높이 날아오르는구나
擧世皆濁兮 先生獨淸
온 세상이 혼탁한데
선생 홀로 맑구나
老當益莊兮 先生義氣
나이 들수록 더욱 강건해지는 것은
오직 선생의 의기뿐이로다
臥薪嘗膽兮 先生赤誠
와신상담의 세월은
선생의 붉은 정성이로다

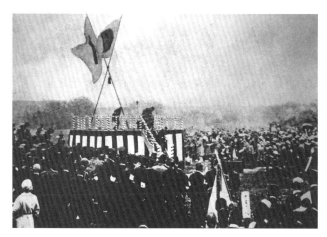

★ 사진 7 — 홍커우공원 의거 현장

이렇게 온 세상을 놀라게 한 홍커우공원 폭탄 의거가 일어났다. 윤봉길은 현장에서 잡혔고, 후에 일본으로 끌려가 순국했다. 하지만 폭탄 의거로 일본 군과 정계 요인 다수가 죽거나 다쳤으니, '적의 중요 인물을 암살한다'는 한인애국단의 목적은 완벽하게 달성되었다고 할 수 있다.

사진 8은 2017년 8월 7일에 찍은 사진이다. 그날 나는 일기에 이렇게 적었다.

★ 사진 8 ─ 폭탄 의거가 일어났던 홍커우공원 현장은 현재 윤봉길 의사의 사적과 자료가 전시된 매헌(梅軒)기념관이 되었다.

"오늘 오전에 홍커우공원에 가서 먼저 루쉰의 묘지를 보고 나서, 매헌으로 가서 윤봉길 기념관을 둘러보았다. 그곳을 나오는데, 한국인 10여 명이 매헌으로 들어오는 것을 보고 우리도 다시 따라 들어갔다. 그들은 가져온 사과를 공손히 올리고 진로 소주를 한 잔 따랐다. 그런 다음 네 사람이 두 번 절을 하고 고개를 숙여 읍을 한 다음, 잠시 이야기를 나누고 그곳을 떠났다. 그 과정은 함께 간 인(尹) 형이 촬영해 기록으로 남겼다."

形情拘被士義吉奉尹

★ 사진 9 — 잡혀가는 윤봉길 의사

자싱으로 옮긴 후, 김구는 《도왜실기》를 쓰면서 책에 〈홍커우공원 폭파 사건의 진상〉을 넣었다. 거기에 윤봉길이 의거를 실행하기 전의 선언식 사진, 선언문과 홍커우공원 의거 현장, 윤봉길이 잡혀가는 사진을 실었다(사진 9). 그밖에 윤봉길의 부인과 두 아들의 사진도 함께 실었다.

〈신보〉에 '홍커우공원 폭탄 투척 의거에 관해 고함'을 발표한 것에 이어, 당시의 기록까지 더해서 의거의 전말을 다시 한번 발표한 것이다. 이 역사적 사건이 사실임을 다시금 세상에 널리 알리는 동시에 윤봉길에 대한 존경과 예의를 표한 것이다.

김구의 지위 상승과
대한민국임시정부의 이전

'홍커우공원 폭탄 투척 의거에 관해 고함'을 발표한 후 일본 경찰과 헌병은 김구를 체포하는 데 총력을 기울였다. 처음에 20만 위안(元)이었던 현상금은 곧이어 일본 외무성, 조선총독부, 상하이 주둔 사령부가 연합해서 60만 위안(현재 기준으로 약 355억 원)을 내걸고 김구 체포를 독려했다.[2] 그런데

이 상황은 뜻하지 않게 김구의 사회적 지명도를 한층 끌어올렸다.

홍커우공원 의거가 일어난 후 〈대륙보(大陆报)〉, 〈중앙일보(中央日报)〉, 〈밀러드 리뷰(Millard Review)〉[3], 〈신보〉, 〈국문주보(国闻周报)〉[4], 〈홍색중화(红色中华)〉[5], 〈천진상보화간(天津商报画刊)〉[6], 〈신아세아〉[7] 등 신문과 잡지에서 이 사건을 앞다투어 보도했다. 이렇게 여러 상황과 조건들이 복합적으로 작용하면서 거의 알려지지 않았던 김구는 순식간에 대중적인 인물이 되었다.

1932년 〈저장보위 월간(浙江保卫月刊)〉[8] 제14−15호에 실린 '김구는 과연 불굴의 의지를 지닌 대장부!'라는 제목의 글을 보면, 당시 김구에 대한 중국인의 찬양과 존경의 마음을 읽을 수 있다.

金九不愧鐵漢

火 火

韓國好男兒，鐵血復國暗殺血豐閘首願金九，自指揮尹奉吉在虹口擲彈殺河端，斃白川，傷殘重光植田等後，瀕行皇然發表聲明，謂將於滿韓邊境率義軍抗抵日軍，必使日人疲於奔命，惝然出關，雖經日軍人大索之下，終以其行蹤詭祕，不爲所得，旋彼亦日人得訊後，復在全滿及大連等要地搜索，然終亦不能得其行跡，而金九，果率一般健兒，浴血轉戰，與我國各義軍搆通聲氣，相互協助，所予日人以創傷者，殊爲深重，日人亦無奈之何，金九誠不愧一鐵漢也。

★ 사진 10 ― '김구는 과연 불굴의 의지를 지닌 대장부!'라는 제목의 기사,
〈저장보위 월간〉, 1932.9

홍커우공원 의거 이후, 김구는 임시정부 안에서도 그 지위가
높아졌다.

당시 한국 독립운동계는 두 개의 세력이 존재했고, 내부 갈
등도 심각했다. 하나는 급진적인 좌익 민족주의 혁명 세력으
로 약산(若山) 김원봉(金元鳳)이 이끄는 의열단으로 후에 조
선민족혁명당이 그 대표이다. 이들은 독립적인 투쟁전략을
주장하며 임시정부를 배척했다. 또 하나는 우익 민족주의 세
력으로 대한민국임시정부가 그 중심이다. 이들은 임시정부
가 독립운동의 지도적 역할을 해야 한다고 주장했다. 그런데
홍커우공원 의거가 일어난 후에 상황이 달라졌다. 두 세력
간에 서로 대립하고 경색되었던 국면이 깨지면서, 임시정부
를 중심으로 하는 우익 민족주의 세력이 점차 한국 독립운동
에서 주도적 지위를 갖기 시작했다. 더불어 김구도 임시정부
내에서 지위가 높아졌다.

1935년 10월. 항저우로 옮긴 임시정부는 내부 모순이 커지
면서 분열과 와해의 위기를 맞게 되자 긴급회의를 열어 조직
을 개편했다. 국무위원으로 이동녕(李東寧), 김구 등이 선출
되고, 이동녕은 국무회의 주석, 김구는 외무장을 맡게 되었
다. 김구는 정식으로 임시정부 핵심 지도층으로 들어가 실권
을 장악하게 되었다. 이어서 대한민국임시정부와 중화민국

국민정부의 관계를 강화하고 임시정부를 안정적으로 이끌기 위해, 김구는 조직개편을 단행한 후 10월에 임시정부를 항저우에서 자싱을 거쳐 11월에 난징으로 옮겼다.

이제 난징은 김구가 이끄는 대한민국임시정부 활동의 중심지가 되었다.

국민정부와 대한민국임시정부
합작의 서막이 열리다

당시 중국 사람들은 왜 그렇게 김구를 찬미했을까? 그것은 홍커우공원 의거는 그 누구도 예상하지 못했던, 중국인들은 하고 싶어도 하지 못했던 일이기 때문이다. 중국인들은 부끄러움을 느꼈다. 당시 이런 글을 써서 자신의 감정을 토로한 이도 있었다.

'태극기 아래 정기는 무지개처럼 삼천만 한인에게 번져나갔고, 황푸강 위에서 폭탄으로 적을 섬멸하여 우리 4억 중국인을 부끄럽게 만들었다.' [10]

또한 이 의거로 국민정부는 김구와 대한민국임시정부를 새

롭게 인식하고 존중하게 되었다. 우선 장제스는 윤봉길의 의
거를 듣고 나서 일기에 이렇게 썼다.

'사마천이 말하길 나라의 원수와는 한 하늘 아래 같이 살 수
없다고 했다. 공적을 쌓고자 무력을 앞세워 침략을 일삼는
자들이 깨달은 바가 있지 않겠는가?'[11]

또한 '중국 100만 대군이 하지 못한 일을 한국의 의로운 청
년이 해냈으니, 이 얼마나 대단한 일인가!'[12] 라며 감탄했다.

이제 국민정부는 빠르게 움직였다.

먼저 김구와 임시정부 요인들을 구하기 위한 행동에 나섰다.
중국 국민당 중앙조직부 부장 겸 장쑤성(江苏省) 정부 주석
천궈푸(陈果夫), 인루리(殷汝骊), 주칭란(朱庆澜), 추푸청(褚
辅成)이 모두 이 계획에 참가했다.

장제스는 김구의 안전에 특별히 관심을 기울였다. 사람을 보
내, 비행기를 보낼 테니 상하이를 떠나길 바란다는 말도 전
했다. 이처럼 홍커우공원 의거 이후, 임시정부에 대한 국민
정부의 태도는 완전히 달라져 가히 역사적 변환이 일어났다
고 할 수 있다. 인도적 지원에 불과했던 이전 상황에서 이제
는 적극적으로 조직하고 계획을 만들어 전면으로 협조하는
상황으로 변했다.

1932년 김구와 장제스가 난징에서 처음 만난 것도 변화의 상징적인 사건이다. 이 회의의 결과로 장제스는 국민당 중앙 육군군관학교 뤄양(洛陽) 분교에 한국 독립군을 위한 특별반을 만들기로 결정했다. 이곳에서 한국 청년군관을 양성하도록 하고, 8만 위안의 경제적 지원도 제공했다.

1. 이 글은 1932년에 월간지〈신아세아(新亚细亚)〉제4권 제2기에 '홍커우공원 폭발 사안'이란 제목으로 실렸고, 말미에 '김구'라 서명했다.

2. 쉬완민(徐万民), 《중한관계사: 근대편》, 중국사회과학출판사, 2014년. 한국에서도 2009년 일조각에서 같은 이름으로 출판되었다.

3. 〈밀러드 리뷰〉는 1917년 6월 9일 상하이에서 창간되었으며, 설립자는 미국 〈뉴욕 헤럴드 트리뷴〉의 극동 주재기자 톰스 밀러드(T. F. Millard)이다. 그의 이름을 딴 이 주간지는 매주 토요일에 50페이지 분량으로 발간되었다. 영문 주보로 극동의 정치·경제·시사를 주로 보도했고, 재중국 외국인과 해외 외국인이 주독자층이었다. 이 밖에 중국 정치인과 지식인, 대학생 등 학생들이 영어를 연습하는 교재로 이용해서 5,000부 이상 발행했다.

4. 국문 주보는 1924년 8월 상하이에서 창간되어 1937년 12월 27일 폐간된 정치·시사 주간지이다.

5. 1931년 12월 11일에 창간된 신문으로 창간 초기에 임시 중앙정부 기관보였으나, 후에 중국 공산당 중앙, 중앙정부, 전국총공회, 청년단 중앙의 연합기관보로 변경되었다. 발행부수가 가장 많을 때는 4만여 부에 달했다. 이 신문은 1932년 5월 25일, "상해에서 일본 요인 전부가 '상해'를 입다"라는 제목으로 홍커우공원 폭탄 의거를 보도했다.

6. 1930년에 창간되었고, 폐간 시기는 알 수 없다.

7. 영문명은 'New Asia'로. 1930년 10월 상하이에서 창간되어 1944년 8

월(14권 제2호)에 폐간된 종합성 시사 간행물이다.

8. 1933년에 저장성 항저우에서 창간된 월간 정치 간행물이다.

9. 한국의 대장부, 철혈남아 김구가 수장으로 있는 나라를 되찾기 위한 암살동맹 단원 윤봉길이 홍커우 공원에서 폭탄을 던져, 시라카와 요시노리는 사망했고, 시게미쓰 마모루, 우에다 겐기치 등은 크게 다쳤다. 일본 군경의 대대적인 수색을 하며 행적을 쫓았지만 아무런 소득이 없었다. 게다가 대담하게 성명을 발표해 앞으로 만주와 한국 접경 지역에서 의군(義軍)을 이끌고 일본군에 항쟁할 것이니 일본군은 도망치게 될 것이라 선언했다. 이 소식을 접한 일본은 전 만주와 다롄 등지를 수색했지만 여전히 아무런 행적도 찾지 못했다. 김구는 보통 남자가 아니다. 이리저리 옮겨가며 싸우고, 우리 중국 각 의군과 연락하며 서로 협력하여 일본에 큰 타격을 입히고 있으니, 일본인은 어찌 할 바를 모르고 있다. 김구는 과연 대장부다!

10. 《도왜실기》, 한인애국단 발행. 1932년 12월 1일. 2002년 범우사 출간.

11. 스위안화(石源华)·장젠충(蔣建忠) 편저, 《한국 독립운동과 중국 관계 편년사(1919-1949)》, 중국사회과학출판사, 2012.

12. 김준엽, 《장정-나의 광복군 시절》, 나남출판사, 1995.

박찬익,
국민정부에 도움을 청하다

박찬익(1884~1949).

자는 남파(南坡)이며, 경기도 파주에서 태어났다. 중국으로
온 뒤 박순(濮純, 푸순)이란 이름을 사용했다. 자는 정일(精
一). 1908년 서울의 공업전습소에서 2년간 공부하고 졸업했
다. 한문을 잘했고, 시(詩)와 사(詞)에 능통했다. 1912년 상
하이에서 한국 독립운동 지도자인 신규식, 박은식, 신채호,
김규식, 조소앙 등과 동제사(同濟社)를 결성했다. 동제사는

한국과 중국 양국의 우호 관계를 맺고, 나아가 동양의 각 민족들을 연합해 서로 돕고 협력하는 것을 목적으로 결성한 단체이다.

"중국국민당과 30여 년간 이어진 관계의 실질적 토대는 바로 여기서 이뤄졌다."[1]

1912년 말 혹은 1913년 초, 상하이에서 신규식, 조소앙은 동제사를 기반으로 탕지야오(唐継尧), 천치메이(陈其美), 후한민(胡汉民), 다이지타오(戴季陶) 등 국민당 원로들과 함께 한중 우호 단체인 신아동제사(新亞同濟社)를 만들었다. 신아동제사는 중국과 한국의 혁명 지사들이 서로 협력하고 양국 국민의 우의를 증진하기 위해서 설립되었는데, 가장 중요한 목표는 조선의 독립이었다.

1919년 4월, 대한민국임시정부가 성립된 후 박찬익은 광저우 호법정부(護法政府)[2]에 대표로 파견되어 쑨원(孫文) 및 국민당 당정 원로와 밀접한 관계를 맺었고, 이후 탕지야오와 친밀한 관계 때문에 다시 윈난성(云南省) 정부에 파견되었다. 홍커우공원 의거 이후 박찬익은 더욱 적극적으로 국민정부 요인들과 빈번하게 연락을 이어갔다.

1932년, 박찬익은 김구와 함께 난징에 가서 장제스와 만났고, 그 후 줄곧 김구의 업무를 보좌했다. 대한민국임시정부가 충칭으로 옮겨 갈 국무위원으로 선출되어 법무부장을 지냈다. 1945년 해방을 맞자 중국 주재 한국대표단 단장으로 중국에 남아 임시정부의 요인들을 한국으로 귀국시키고, 중국으로 망명한 한국 독립운동 인사들을 안정화하는 등 임시정부의 뒷일을 맡아 처리한 뒤 1948년에야 귀국했다.

★ 사진 11 − 김구(앞줄 가운데), 박찬익(뒷줄 오른쪽), 엄항섭(뒷줄 왼쪽)과 윤봉길 의거 시 폭탄 제조를 도운 상하이 병기공장 기술자 왕보슈(王伯修) 부부와 함께 찍은 사진

1929년 한국독립당이 창당되자 박찬익은 난징지부 대표를 맡았고, 1930년대 중국국민당에 들어갔다. 박찬익은 이후 장쑤성 정부 주석 천궈푸의 소개로 중국국민당 국제부 선전과에서 일하면서 대한민국임시정부와 중국국민당 사이를 이어주는 중개자가 되었다.

홍커우공원 폭탄 의거에 박찬익도 그 계획에 참여했는데, 김은충은 《한국독립당의 삼균제도 해석》에서 '대한민국임시정부 주중국대표단 단장 박찬익의 약력' 부분에 다음과 같이 썼다.

"……윤봉길 의사가 시라카와 요시노리, 시게미쓰 마모루, 우에다 겐키치에 대한 폭탄 투척 의거 관련 전후 대책과 조치가 선생의 도움과 지도로 이뤄졌다."

5월 10일, 김구가 〈신보〉에 '홍커우공원 폭탄 투척 사건에 대해 고함'을 발표하자, 일본 경찰과 헌병은 현상금을 걸고 김구 체포에 나섰다. 박찬익은 곧바로 당시 중국국민당 중앙조직부 부장이었던 천궈푸를 찾아갔다.

"천궈푸 선생의 부관 샤오정(蕭錚)이 박찬익을 만났다. 박찬익은 상하이에 있는 대한민국임시정부 사람들이 목숨을 위협받고 있으니, 이들을 보호하고 안전한 곳으로 이주시킬 방법을 강구해달라고 요청했다. 샤오정은 이 내용을 즉시 천궈푸에게 보고했다. 천궈푸가 자신의 요청대로 움직이도록 박찬익은 또 다른 국민정부 요인인 주지아화(朱家驊), 우테청(吳铁城) 등을 찾아가 설득하고 교섭했다. 박찬익의 노력으로 천궈푸는 결국 박찬익과 대한민국임시정부 요인을 돕기로 결정했다. 천궈푸는 샤오정에게 추푸청 선생을 찾아 도움을 받을 것을 지시하고, 상하이에 있는 대한민국임시정부 요인들을 각기 항저우와 자신 두 지역으로 옮겨 안전을 확보하기로 했다. 그래서 박찬익은 기차를 타고 서둘러 상하이로 갔다."[3]

김구를 찾아 만난 박찬익은 국민정부가 홍커우공원 폭탄 의거 이후 발표한 성명 '홍커우공원 폭탄 투척 사건에 대해 고함'에 매우 주목하고 있으며, 도움을 줄 용의가 있다고 전했다. 또한 만약 김구가 상하이에 있기 위험하다면 비행기를 보내줄 것이란 말도 전했다. 하지만 김구는 피치 집에 숨어 지내면서 비밀 활동을 할 것이라며 완곡하게 사양했다.

그와 동시에 중국 민간에서도 김구를 돕기 시작했다.

당시 국민정부 수해복구위원회 상임위원이었던 주칭란은 홍커우공원 의거가 일어난 이후, 임시정부 측에 약 3,300위안의 자금을 지원했는데, 그중 두 번의 수취인이 국민당 내에서 일을 맡아 하고 있던 박찬익이었다.[4]

그 후 피치의 집으로 몸을 숨겼던 김구가 일본 사복 경찰에 감시당하자 박찬익은 즉시 인루리, 추푸청 등과 논의해 김구를 자싱으로 옮기기로 했다.

이처럼 홍커우공원 의거 이후 박찬익은 한국과 중국 사이에서 연결자 역할을 빈틈없이 해냈음을 역사적 사실이 증명하고 있다. 박찬익은 김구를 구하는 데 있어 핵심적인 역할을 한 인물이다.

장제스의 든든한 지원 활동

대한민국임시정부와 중화민국 국민정부의 관계는 쑨원이 이끄는 호법정부에서 처음 시작되었다.

그 후 1930년 한국독립당이 창당된 이후 중국국민당과 적극적으로 연락을 취했다. 1930년 10월, 한국독립당은 중국국민당 중앙집행위원회가 소집한 회의에 조소앙과 박찬익을 보내 한국독립당의 강령 등을 설명했다. 또 1931년 대한민국임시정부는 난징에서 열린 중국국민당 회의에 〈대한민국임시정부 선언〉을 제출했다. 이처럼 홍커우공원 의거가 일어나기 전에도 한국과 중국 정부, 중국국민당과 한국독립당은 이미 어느 정도 교류가 있었다. 즉 장제스는 윤봉길의 의거 이전에도 대한민국임시정부와 한국독립당에 대해 알고는 있었다. 다만 폭탄 의거가 일어나기 전에는 대한민국임시정부에 대해서 그저 도의적인 동정과 지지만 보냈을 뿐 실질적인 협력은 없었다.

홍커우공원 의거가 일어난 그날 저녁. 장제스는 상하이 시장 우테청으로부터 사건 관련 보고를 받고 '정규 군인의 전투 성과보다 훨씬 더 크다'며 매우 놀랐다고 한다.
당시 상하이 시장 우테청은 이후 계속 대한민국임시정부 지원에 관여했다. 나중에 우테청이 타이완에서 사망한 후, 민필호 전 주중 한국대표단 단장은 기고문을 통해 다음과 같이 그를 애도했다.

"상하이 홍커우공원 의거가 일어난 후, 임시정부는 김구 선생이 이끌었다. 나와 임시정부는 난징으로 옮겨갔는데 그 후 중국 당국에서 지정한 세 선생이 모든 일에 협조하고 도와주었다. 특히 비서장 직을 맡고 있던 우테청 선생이 가장 많은 힘을 써주었다. 또한 항일 시기 임시정부가 중국 정부 당국자에게 부탁한 일들은 크고 작음에 상관없이 전부 다 우테청 선생이 맡아 도움을 주었다. 우리 임시정부에 고문이라는 직함은 없었지만, 우테청 선생은 실질적으로 그 고문의 역할을 해주었다."[5]

이처럼 장제스는 홍커우공원 의거 이후부터 김구와 대한민국임시정부를 새롭게 보기 시작했다. 장제스의 참모 천푸레이(陈布雷)는 장제스에게 이렇게 진언했다.

"임시정부는 비록 망명 정부로 세계 각국의 인정을 받지 못하고 있지만, 일본인에게는 확실히 큰 우환입니다. 우리 국민당이 김구와 임시정부 요인들을 얻는다면 그것은 일본을 상대할 비밀 무기를 갖고 있는 것과 같습니다."[6]

장제스는 그의 견해에 공감했지만, 당시 일본과 외교관계가 있던 국민정부가 직접 나서서 지지할 수 없었기에 비밀리에 협조할 생각을 했다. 그 후 우테청은 장제스로부터 김구를 적극적으로 보호하라는 지시를 받았다. 우테청은 장제스의 지시를 받은 뒤에 인루리, 주칭란 등 상하이의 주요 인사들을 찾아가 김구를 구할 방법을 찾길 바란다는 입장을 전했다. 이와 동시에 국민당 상하이 특무기관도 김구를 보호할 행동을 취하기 시작했다.

만약 장제스가 김구와 대한민국임시정부를 인정하지 않았다면 어떻게 되었을까?

중국국민당 역사와 장제스 연구 전문가인 사학자 양텐스(楊天石)도 한국 독립운동을 지원하는 데 있어 장제스의 역할을 긍정적으로 보았다. 그는《장제스와 한국 독립운동의 아버지 김구》에서 중국국민당이 한국 독립운동 인사를 지원하는 데 있어서 장제스가 가장 크게 기여했다고 주장하며 다음과 같이 자세하게 기술했다.

"한국의 독립운동을 지원한 중국국민당 사람들 중에 핵심 인물이 세 명 있다. 첫 번째 천치메이⋯⋯두 번째 쑨원⋯⋯세 번째로 장제스는 1930, 1940년대 중국의 한국 지원 활동의 주요 지도자이자 정책 결정자이며, 가장 오랫동안 가장 큰 공헌을 한 사람이다. 함께 협력해 일제에 대항하기 위해, 중국국민당은 한국 독립운동을 위해 정치, 경제, 군사, 외교 등 여러 방면에 포괄적인 지원을 하였다. 이러한 지원 활동에서 장제스는 한국의 독립 망명 인사들의 민족 감정을 존중하고, 상황에 따라 정책을 즉시 조정하며 양국의 우호 관계를 유지하는 데 특히 관심을 기울였다. 국제무대에서 장제스는 전쟁 후 조선의 독립을 보장하자고 주장했고, 신탁통치와 남북 분할을 반대하며 이 지역에서의 민족 사리사욕을 도모해선 안 된다고 말했다. 이러한 주장은 당시 세계를 지배하던 강대국의 강권주의와 선명한 대비를 보였다."

더불어 장제스가 우테청에게 정부 자원을 동원해 즉시 김구를 보호하라고 지시하지 않았다면 김구가 무사히 상하이의 위험에서 탈출할 수 있었을지는 확언하기 어렵다.

천궈푸가 김구를 구하기 위해
적극적으로 움직인 이유

한중 관계를 연구하는 학자들은 대부분 국민정부가 한국 독립운동에 대해 두 개의 길을 동시에 나가는 '양로병진(兩路幷進)'의 지원 전략을 썼다고 한다.[7]

즉 국민당 중앙조직부는 김구 일파에 대한 연락과 자금 지원을 책임졌고, 복흥사(复兴社)[8]는 김원봉 일파에 대한 연락과 자금 지원을 책임졌다.

이런 상황은 나중에 점차 김구 계열의 간부들은 주로 중통(中統: 국민당 중앙집행위원회 조사통계국의 준말, 즉 중앙조직과 협력했다는 의미)과 협력하고, 김원봉 계열의 간부는 주로 군통(軍統: 국민당 특무 기관의 하나로 국민정부군사위원회 조사통계국의 준말, 즉 군사조직과 협력했다는 의미)과 협력하는 상황이 만들어졌다.[9]

이런 국면이 형성된 원인은 많겠지만, 그 과정에서 '훙커우 공원 의거'가 미친 영향을 결코 소홀히 볼 수 없다. 훙커우공원 의거가 일어나기 1년 전에 이런 일이 있었다.

"김원봉 등이 난징으로 내려와 복흥사 단원 텅제(滕杰)의 소개로 황푸군관학교 졸업자 신분으로 장제스를 만나 한국과 중국이 협력하여 항일운동을 하자고 제안했다. 장제스는 당시 중일 외교 분쟁의 우려 때문에 한국 혁명 청년을 돕는 일을 복흥사 단원 텅제, 하중한(賀衷寒), 캉저(康澤), 샤오잔위(蕭贊育), 구이용칭(桂永清), 간궈쉰(干国勋) 등에게 맡기고 비밀리에 진행하라 명했다. 이렇게 해서 국민당에서 한국 독

립운동을 지원하는 또 하나의 계파가 만들어졌다.[10]

홍커우공원 폭탄 의거가 일어난 뒤에 상황이 달라졌다. 국민정부는 김구를 적극적으로 지지하기 시작했고, 이에 따라 앞에서 말한 한국 독립운동에 양로병진 지원 전략이 이뤄진다. 그러므로 홍커우공원 폭탄 의거라는 예상치 못했던 사건이 양로병진 전략이 만들어지게 된 적극적인 외부 요인임을 의심할 여지가 없다.

국민당 중앙조직부 부장 천궈푸의 둘째 숙부 천치메이는 일찍이 신아동제사 단원으로 아주 오래전부터 한국 독립운동 인사들과 교류하고, 상하이에 피신해 있던 신규식 등 한국 독립운동 인사들에게 자금 지원도 해주었다. 그 때문에 천궈푸 역시 일찍부터 한국 독립운동 인사들과 알고 지냈다. 가족과 개인적 감정에서 본다면 천궈푸는 김구를 비롯한 대한민국임시정부 요인들에게 호감이 있는 것이 자연스럽다. 하지만 그렇다고 해서 그것이 그가 김구를 적극적으로 구해야하는 이유가 될 수는 없었다. 천궈푸가 김구 구출에 적극적으로 임한 이유는 개인적인 감정보다는 조용히 김구를 도우라는 장제스의 명령을 성실히 집행한 직무 행위로 보는 것이 더 타당할 것이다. 물론 이런 상황과 함께 박찬익이 천궈

푸와 국민당 요인들에게 한 설득과 요청 역시 분명한 이유가
되었다.

한편 아래와 같은 의견을 말한 연구자도 있다.

"천궈푸가 김구 일파를 지지한 이유를 합리적으로 해석하
면, 김구 일파가 한국 독립운동에서 그 역사가 길고, 대한민
국임시정부의 당권자이기 때문이다. 또 한편으로는 국민당
중앙정부나 김구를 비롯한 임시정부 양쪽 모두가 우파 민족
주의에 속하기 때문에 이데올로기적으로 접근이 어쩌면 더
중요한 이유이기도 하다." [11]

나는 이 관점에 동의할 수 없다.
먼저 홍커우공원 의거 당시 김구는 아직 대한민국임시정부
의 당권자가 아니었다. 국민정부는 김구의 잠재력을 보고 자
신들이 지원한다면 그가 대한민국임시정부의 당권자가 될
가능성이 있다고 판단했다. 그 때문에 김원봉 일파와 김구
일파를 동시에 지지하는 지원 전략을 세운 것이다. 둘째, 이
데올로기적 접근도 물론 한 원인이지만 그렇다고 그것이 가
장 핵심적인 원인은 아니다. 김구와 같은 이데올로기를 가진
한국 독립운동가들이 얼마나 많은데, 국민정부가 이데올로

기적 접근으로 어느 한 인사를 마음대로 지지할 수 있겠는가? 따라서 천궈푸가 김구를 도와주고 지지한 것은 주요하게 장제스의 명령을 집행하는 직무 행위일 것이다. 물론 그렇다 해도 천궈푸는 홍커우공원 의거가 발생한 역사적 계기를 성공적으로 이용해서 아주 적극적으로 구조 계획을 조직해 김구가 위험에서 벗어나도록 도와주었다. 또한 홍커우공원 의거를 통해 국민정부가 양로병진이라는 한국 지원 전략을 형성하도록 만들었다. 그 후 김구를 통해 대한민국임시정부의 역사적 방향을 점차 바꾸어, 대한민국임시정부를 어떻게 국민정부의 강력한 항일 동맹으로 만들 수 있을까 하는 것은 천궈푸의 깊은 고민과 숙제가 되었다.

김구를 보호할 시책에
샤오정을 선택한 이유

샤오정(1905-2002).
자는 칭핑(靑萍), 저장성(浙江省) 출신이다. 중앙정치학교 지정학과 주임, 국민당 제6기 중앙상무위원, 국방 최고위원회 위원, 경제전문위원회 부주임 위원, 경제부 정무차장 등을 역임했다. 1932년에 중국지정학회를 창립하였고, 1947 년 이 단체가 토지개혁협회로 개편되어 이사장을 맡았다. 1940년에 중국 지정 연구소를 설립했다. 1949년에 타이완 으로 간 뒤에, 타이완 지역의 토지개혁운동 지도에 참여하여 타이완 농업 발전에 많은 기여를 하였으며 아시아 토지개혁 및 농촌발전센터 이사장, 토지개혁기념관 이사장을 맡으며 월간《토지개혁》을 발행했다. 저서로《민족 생존 전쟁과 토 지 정책》,《평균 자본주의》,《중화 지정사》,《토지개혁 50년》 등이 있다.

홍커우공원 의거가 일어났을 당시, 샤오정은 막 독일 유학에 서 돌아와 정부의 업무 배치를 기다리며 난징에 머무르고 있 었다. 이때 박찬익은 난징으로 와서 천궈푸에게 앞으로도 김 구 등 대한민국임시정부 요인을 계속 보호해달라고 요청한 상황이었다.

"최고 당국의 비준을 거쳐 천궈푸는 측근 샤오정을 저장성으 로 파견해 김구의 보호조치를 취하도록 했다. 샤오정은 장기 간 그 지역에서 일을 했기 때문에 여러 분야의 인사들과 잘 알고 있었다. 샤오정은 추푸청의 비서였던 장이톈(江一天)

여사를 찾아가 추씨 집안과 연락해 달라고 부탁했고, 추푸청은 김구가 자싱에 있는 동안 모든 것을 자신이 책임지겠다고 전했다. 더불어 샤오정은 저장성 경무처장 장보청(蔣伯誠)과 밀담을 갖고 김구의 안전에 주의를 기울여 달라고 당부했다. 이에 장보청은 김구의 안전을 책임지겠다고 호언장담했다. 모든 준비를 다 마친 다음에야 샤오정은 난징으로 돌아와 상황을 보고했다."[12]

★ 사진 12 — 샤오정(蕭錚)

1926년, 샤오정은 광저우로 가서 천궈푸가 부장 대리를 맡고 있던 국민당 중앙조직부에서 간사로 일했다. 이후 비밀리에 저장성으로 돌아온 샤오정은 국민당 저장성 당부 조직부 부장 신분으로 세금 감면 운동을 진행하면서, 국민당 원로 장징장(張静江)과 충돌이 있었다. 당시 저장성 주석은 추푸청, 민정부 부장은 마쉬룬(马叙伦)이었다.

후에 마쉬룬은 우연히 한 공산당원의 일기에서 샤오정의 이름을 발견하고, 샤오정의 과거 행위가 공산당과 관련이 있었다고 여겨 장징장에게 보고했다. 보고를 받은 장징장은 직접 난징으로 와서 국민당 중앙에 샤오정을 고발했다. 중앙조직의 비준을 얻자, 장징장은 즉시 저장성 경비사령 장보청과 추푸청에게 샤오정을 구금하라는 전보를 쳤다. 상황이 좋지 않음을 느낀 샤오정은 바로 목선을 타고 자싱으로 갔다.

이어 타이후(太湖)를 지나 우시(无锡)를 거쳐 난징으로 들어가 천궈푸에게 상황을 자세히 설명하고, 장제스에게 서신을 보내 억울함을 호소했다. 서신을 받은 장제스는 천궈푸에게 철저히 조사하라 명했다. 천궈푸는 조사를 통해 상황을 정확히 파악한 뒤, 샤오정을 대신해 시시비비를 명확하게 밝혀주었다. 샤오정은 말년에 쓴 회고록에서 이 일에 대해 상세하게 서술했다.

샤오정은 저장성에서 이런 사정이 있었던 데다, 마침 홍커우 공원 의거 이후 난징에서 일을 기다리는 상황이어서 천궈푸는 샤오정을 김구를 보호할 시책을 마련하도록 저장성으로 보냈다. 그 때문에 당시 샤오정에게 김구는 자신을 살려주기 위해 하늘에서 내려온 동아줄과 같았다. 그 후 김구와 국민정부의 연락은 모두 샤오정을 통해 이뤄졌다. 김구가 난징에 온 뒤에 샤오정은 대한민국임시정부와 국민정부의 연락을 책임지는 중추적 역할을 하게 되었다.

조지 애시모어 피치,
김구를 구한 첫 번째 주자

조지 애시모어 피치(1883-1989).
중국에 전도하러 와 있던 선교사 조지 필드 피치(George F. Fitch)의 아들로 1883년 중국 쑤저우(苏州)에서 태어났다. 피치는 1909년 미국 뉴욕 유니온 신학대학원을 졸업하고 그해 크리스마스에 다시 중국으로 돌아와 1909년부터 1946년까지 YMCA 간사로 일했다.

1918년 주중 미국대사의 환영 행사에 여운형을 초대해 주중
미국대사 찰스 크레인에게 여운형을 소개시켜 한국의 문제
에 대해 대화를 나눌 수 있도록 중재했다. 1919년에는 미국
에서 설립된 한인구제회가 모금 활동에 어려움을 겪자 아버
지와 함께 미국인 선교사들에게서 구호품과 의연금을 모집
하였고, 상하이에 설립된 한인 학교 '인성학교'가 재정적인
어려움에 부닥치자 모금 활동을 벌였다.

1920년 한인구제회의 이사로 활동한다. 난징대학살 시기에
그는 난징 YMCA 총간사로 일하면서 '난징 안전지역 국제위
원회' 부주임을 맡았다. 1938년 2월 21일, 선교사 존 마지
(Jhon Marge)가 찍은 난징대학살을 기록한 필름 네 통을 옷
소매에 숨겨 상하이로 가서 인화한다. 1944년 그는 일본 제
국과의 전쟁에서 한국광복군을 활용하면 미국에 도움될 것
이라는 보고서를 작성해 한국광복군 제2지대와 OSS 부대의
합동작전이 가능하도록 도왔다.

1946년 도쿄의 원동국제군사법정에서 일본 전범 재판이

열렸을 때 증인으로 법정에 출석했다. 1947년 미군정시대 YMCA 총간사로 임명돼 특히 한국전쟁 중 구호 활동에 전념하다 1951년 은퇴했다. 대한 독립운동을 지원한 공로를 인정받아 1952년 1월 대한민국 정부로부터 문화공로훈장과 1968년 3월 1일 건국훈장 독립장을 수여받았다. 1979년 미국 캘리포니아에서 사망했고, 저서로《중국에서 나의 80년(My Eighty Years in China)》이 있다.

그의 아버지 조지 필드 피치 역시 상하이에 있던 한국 교민들을 많이 도왔다. 2012년 사회과학문헌출판사에서 출간한《한국 연구 20년. 문화편-푸단대학교 한국연구센터 편저》에 실린 쑨커즈(孫科志)의 논문〈상하이 한인들의 종교 활동에 대한 기초 탐사〉에 다음과 같이 실려 있다.

★ 사진 13 — 조지 애시모어 피치

"1915년 이후 한인들은 중국기독교청년회관의 식당을 빌려 예배를 진행해 왔다. 예배에 참석하는 한인이 늘면서 기존 청년회관은 너무 좁아 이용할 수 없게 되자 미국인 조지 피치의 도움을 받아 매주 일요일 오후 공공조계지인 베이징로 18번지에 있는 중국장로회 예배당을 빌려 종교 활동을 하고 있다."

★ 사진 14 — 노년에 미국에서. 조지 애시모어 피치 부부

홍커우공원 의거가 일어난 이후 김구와 김철, 안공근, 엄항섭은 조지 애시모어 피치 집에 20일 넘게 숨어 있다가, 추푸청 등의 도움으로 저장성 자싱으로 옮겼다. 이 역사적 사실에 관해 김구는《백범일지》에 이렇게 남겼다.

"……그렇게 20여 일이 흘렀다. 그러던 어느 날, 피치 부인이 내가 이 집에 숨어 있다는 걸 정탐이 알았고 지금 집을 포

위하고 있으니 당장 떠나야 한다고 했다. 나와 피치 부인이
부부로 위장해 자동차 뒷좌석에 타고, 피치 선생이 운전사가
되어 차를 몰고 문밖으로 나갔다. 대문을 나가면서 살펴보니
과연 일본인은 없었지만 프랑스인, 러시아인, 중국인 등 각
국 정탐이 수풀처럼 곳곳을 에워싸고 있었다. 하지만 미국인
집이라 누구도 함부로 손을 대지는 못했다. 피치 선생은 빠
르게 차를 몰아 프랑스 조계지를 벗어나 중국 지역으로 들어
가 차를 멈췄다. 나와 공근은 차에서 내려 기차역으로 가서,
기차를 타고 자싱의 수룬사창(秀轮纱厂)으로 갔다. 이곳은
박찬익 선생이 추푸청, 인루리 선생에게 부탁해서 마련한 거
처로, 이동녕 선생과 <u>김의한</u>(金毅漢)의 가족, 엄항섭 군의 일
가가 며칠 전에 먼저 와 있었다.……"

김구의 이 기록을 보면 피치 부부가 당시 그와 안공근 두 사
람만 탈출시킨 것으로 보이는데, 사실은 그때 김철과 엄항섭
도 함께 있었다. 김구가 안공근만 언급한 것은 그들 네 사람
이 기차역에 들어서기 전에 피치 부부의 차에서 내린 다음,
두 조로 나눠 따로 움직였기 때문이다. 김구와 안공근이 한
조, 김철과 엄항섭이 한 조로 움직였다. 실제로 그들은 분명
히 이렇게 상하이를 벗어났다. 후에 김구의 아들 <u>김신</u>(金信)

이 당시 김구가 기차역에 들어간 상황에 대해 다음과 같이 말했다.

"기차가 조금 연착했기 때문에, 역에는 사람들로 발 디딜 틈 없이 붐비고 정신없었다. 개찰구를 막 통과한 다음, 아버지와 엄항섭 선생은 사람들에 떠밀려 헤어졌다. 이미 기차역에 들어서면 나눠서 움직이기로 계획되어 있었기 때문에 크게 상관은 없었다. 나눠서 움직이면 짐도 안전하고, 아버지가 가볍게 움직일 수 있어 좋다고 판단했다."[13]

덧붙여 조지 애시모어 피치가 김구 일행을 기차역으로 데려다준 시간 역시 아직 확실하게 결론이 나지 않았다. 5월 14일[14] 이라는 연구자도 있지만, 이는 확실하지 않다.

김구는 《백범일지》에서 '피치 선생 집에서 20여 일 머물렀다' 고 했다.

홍커우공원 의거가 4월 29일에 일어났으니 5월 14일이라면 보름에 불과한데, 김구가 20여 일이라고 할 수 있을까? 이 때문에 5월 20일 전후로 보는 연구자도 있다.[15] 이는 김구가 피치 집에서 20여 일 머물렀다고 한 기록에 근거해 계산한 것으로 보인다. 하지만 조지 애시모어 피치는 그의 회고록

《중국에서 나의 80년》에 이렇게 기록했다.

"……more than a month(한 달이 넘었다)……" [16]

한 달이 넘었다는 그의 기억과 기록이 맞다면 김구 일행은 적어도 5월 29일 이후에 피치 집을 떠났을 것이다. 진원룽은 《김구 평전》에서 당시 피치 집을 감시했던 일본 사복 경찰에 대해 이렇게 적었다.

"대략 6월 초, 일본 밀정이 프랑스 조계지 전화국을 조사하다가 피치 집에서 전화 통화량이 갑자기 많아진 것을 발견했다. 의심이 생긴 일본 밀정이 중국인 옷을 입고 변장하고 밀착 감시하기 시작했다. 그러다 피치 집에는 동양인, 서양인이 자주 출입하는 것을 보고 중국인, 러시아인, 프랑스인 사복 경찰을 보내 집을 포위했다."

이들 사복 경찰은 피치 집에 들어가려다가 제랄딘 피치 여사에게 항의를 받고 쫓겨났다. 그 뒤부터 피치 집 주위는 수많은 사복 경찰들의 감시가 계속되었다. 이런 상황을 본 김구는 바로 피치 집에서 떠나기로 마음먹었다.

조지 애시모어 피치의 말대로 김구 일행이 한 달 넘게 그 집에 머물렀다면 대략 6월 초이다. 그리고 그 6월 초는 일본 사복 경찰이 피치 집을 포위한 시간과 일치한다. 그 때문에 나는 김구가 피치 집을 떠난 때가 6월 초라고 생각한다.

김구는《백범일지》에서, 피치 집을 떠나기 며칠 전에 이동녕과 엄항섭의 가족, 김의한의 가족 전부를 자싱으로 옮겼다고 했다. 진원롱의《김구 평전》에도 명확하게 기재되어 있다.

"5월 1일. 이동녕, 엄항섭, 김의한이 안전하게 자싱으로 옮겨갔다."

하지만 이 내용에는 오류가 있다.

첫째. 엄항섭은 그 후에 김구와 함께 떠난다. 이때 떠난 이들은 엄항섭이 아니라 엄항섭의 가족이다. 둘째. 시간이 5월 1일 일리가 없다. 그 이유는 김구가 5월 10일, '홍커우공원 폭탄 의거에 관해 고함'을 발표한 후에야 국민정부가 김구와 임시정부를 돕기 시작했다. 또한 추푸청도 그때야 김구와 임시정부 요인들을 자싱으로 옮기는 것에 동의했다.

김의한의 아내 정정화(鄭靖和)가 쓴 회고록《녹두꽃》에 그녀와 엄항섭의 부인이 함께 자싱으로 갔을 때를 '5월 1일'[17]로 적고 있는데 이 역시 오류라고 본다.

전문을 분석해보면 5월 1일이 아니라 6월 1일이 더 합리적이다. 또 정정화는 그들이 자싱에 도착하고 나서 대략 2주 뒤에 김구 일행이 왔다고 썼다.[18] 그렇다면 김구가 상하이를 떠난 것은 대략 6월 중순 이후로 보는 것이 맞다. 나는 앞의 여러 가지 정황을 봤을 때 6월 14일이 더 타당하다고 본다.

조지 애시모어 피치의《중국에서 나의 80년》의 기록에 의하면, 김구 등 네 사람은 피치 집 2층 손님방에 머물렀고, 중국인 요리사가 매일 중국 음식을 만들어주었다. 김구 외에 다른 세 사람은 피치 집의 전화로 매번 다른 택시를 불러 한국인들의 회의에 참석했다. 김구는 위의 일에 관해《백범일지》에 이렇게 기재했다.

"……우리는 피치 씨 집 전화를 사용해서 프랑스 조계지 안에 있는 동포들 집에 연락을 해보았다. 동포들이 체포되었다는 소식을 듣고, 우리는 그들을 구하기 위해 서양인 변호사를 고용했으나 별 효과가 없었다. 우리는 체포된 동지들의 가족들에게 생계를 위한 경제적 도움을 주거나 피신하려는 동지가 있으면 여비를 마련해주는 일밖에 할 수 없었다.……"

나중에 김구는 피치 부인이 집 전화를 마구 쓰는 바람에 의심을 사서 위치가 드러난 것이라 했다고 《백범일지》에 썼다. 이렇게 해서 김구는 어쩔 수 없이 바로 상하이에 있는 피치 집을 떠나야만 했다. 박찬익과 추푸청 등은 김구를 자싱으로 옮길 계획을 가지고 있었지만, 그것은 프랑스 조계지에서 더 이상 몸을 숨길 수 없을 때 실행하려던 예비책임을 알 수 있다.

김구 일행이 피치 부부의 도움으로 상하이를 벗어나 무사히 자싱에 도착하고 나서야, 천궈푸는 즉시 샤오정을 자싱으로 보내 김구를 보호할 안전 시책을 마련하도록 지시했다. 이런 상황을 봐도 자싱으로 옮기는 계획은 예비 방안임을 알 수 있다. 그렇지 않다면 5월 10일 김구가 〈신보〉에 '훙커우공원 폭탄 투척 사건에 관해 고함'을 발표하자마자 바로 상하이를 떠났지, 피치 집에서 더는 어쩔 수 없는 상황이 올 때까지 기다리고 있지는 않았을 것이다.

그밖에 몇 가지 세부적인 상황을 살펴보려 한다.

김구는 '차에서 내려 안공근과 함께 기차역으로 들어갔다'고 했는데, 어느 기차역인지 구체적으로 명시하지 않았다. 그 기차역은 상하이 남역을 말한다(사진 15). 그 역은 후항선(滬

杭线, 상하이–항저우 노선)의 기점이므로 김구가 자싱으로 가려면 반드시 이 역에서 출발해야 한다.

그날, 김구는 후항선의 마지막 완행열차를 탔다. 김구는 처음에는 제랄딘 피치 여사와 부부 행세를 하기 위해 서양 남자 모습으로 변장했다. 그리고 역으로 가는 도중 차 안에서 다시 옷을 바꿔 입어, 내릴 때는 전혀 다른 모습이었다. 검은색 모자와 검은색 긴 셔츠, 어느 정도 신어 길이 든 검은 가죽 구두를 신어 마치 사업을 하는 사람처럼 변장했다.[19]

★ 사진 15 — 상하이 남역

김구 등은 차에서 내린 다음 뒤도 돌아보지 않고 바로 나무 다리를 건너 기차역을 향해 걸었다. 피치 부부는 차 안에서 그들의 모습이 완전히 사라질 때까지 눈을 떼지 않고 지켜보았다.

피치 부부와 김구가 이렇게 헤어진 다음, 언제 다시 만났는지는 관련 서적을 찾아봐도 없다. 다만 김구가 《백범일지》에, '나중에 피치 부인이 집 전화를 마구 사용하는 바람에 의심을 사서 위치가 드러났다 했다'고 썼는데, 이 '나중에'를 세 개의 시간과 관련지어 볼 수 있다.

첫 번째. 1930년대 초, 중국 국민정부는 '신생활운동(新生活運動)'을 전개하면서 조지 애시모어 피치를 고문으로 청했다. 이 때문에 그의 일의 중심이 상하이에서 난징으로 옮겨 가게 되었고, 1936년에는 난징 바오타이제(保泰街) 21호에 거처를 마련했다.[20] 당시 김구도 난징에 있었다.

두 번째. 1939년 피치 부부가 충칭에 갔을 때, 김구도 충칭에 있었다.

세 번째. 1947년 7월 26일, 피치 부부가 서울 경교장(京橋庄)에서 김구를 만났다.[21]

이 셋 중에 대체 언제가 그 '나중에'일까?

내 생각으로는 첫 번째인 난징이 아닐까 한다. 1936년 피치 부부는 난징에 자리를 잡았고, 그들은 온 힘을 다해 김구를 구하고자 한 일련의 계획의 첫 번째 주자였다. 당시 난징에 있던 김구도 그들의 소식을 들었을 테니 분명 찾아가 만났을 것이다. 이 때문에 두 번째 시점인 1939년보다는 첫 번째 시점인 1936년 난징일 가능성이 훨씬 크다.

마지막으로 하나 더 설명하자면, 김구가 상하이에서 피치 집에 숨어 있을 수 있었던 이유는 김철 덕분이었다. 당시 김철과 조지 애시모어 피치는 잘 아는 사이였지만, 이전까지 피치는 김구를 전혀 몰랐다.

김철(1886-1934).

전남 함평 출신이며, 1915년 일본 메이지대학을 졸업했다. 1919년 3·1운동 후 상하이로 갔다. 같은 달에 현순(玄楯), 최창식(崔昌植) 등과 함께 상하이에 독립 임시사무소를 설립하고, 임시정부 수립 작업에 착수했다. 4월, 상하이 한국인 대표대회에 출석하고, 대한민국임시정부 창립에 참가해 재무부 위원 겸 법무부 위원직을 맡았다. 이후 교통부 차장, 검찰원 검찰장 등의 직책을 역임했다. 1920년 김구와 함께 '의용단'을 창단했고, 1932년 1월 상하이 대한교민단 정치위원, 11월 임시정부 국무위원을 맡았다. 1934년 임시정부 국무원 비서장을 맡아, 3월 난징에서 열린 한국 대일전선 통일동맹 제2차 대표회의 및 한국혁명 각 단체 대표 회의에 한국독립당 대표로 참석했다. 그러나 그해 5월 4일 급성 폐렴으로 쓰러져 항저우 병원에서 48세의 나이로 사망했다.

★ 사진 16 — 김철

추푸청,
김구를 자싱으로 피신시키다

추푸청(1873-1948).
저장성 자싱 출신이며, 일본 도요대학교 고등경정과(高等警
政課)를 졸업했다. 1905년 중국 동맹회(同盟會)[22]에 가입했
다. 귀국 후에는 자싱상회(嘉興商會) 총리를 맡았고, 신해혁

★ 사진 17 — 추푸청

명 후에 저장성 회의장, 저장성 군정부 참사를 맡았다. 1913
년 광저우로 건너가 호법정부 중의원 부의장, 1927년 저장
성 정부 정무위원 겸 민정청 청장을 맡았다. 항일운동 시기
에 국민참정회 참정원을 맡았고, 후에 상하이 법학원 원장을
지내다 1948년 상하이에서 사망했다.

인루리(殷汝驪, 1883~1940).

자는 주푸(铸夫)이며. 저장성 핑양(平阳) 출신이다. 젊어서
일본 유학을 가서 와세다대학교 정치경제학과를 졸업했다.
1905년 일본에서 중국 동맹회에 가입했고, 귀국해서 후베이
(湖北) 법정학당에서 교사로 일했다. 2차 혁명(1913년 쑨원
을 중심으로 위안스카이에게 반항해 일으킨 혁명 사건)이 실패
하자 아들과 함께 일본으로 떠났다가 1914년 돌아와 상하이
에서 〈시사신보(时事新报)〉를 창간했다. 1916년 베이징 정

★ 사진 18 ─ 인루리

부 재정부 차장을 맡았지만 어떤 사건으로 인해 면직당하고 광동으로 갔다. 그후 장쑤성, 푸젠성에서 주요직을 맡아 일하다가 1932년 국민당 정부 문관성 참사로 일했다. 1940년 청두에서 사망했다. 1941년 2월 25일, 충칭 중국 인사들이 인루리 사망 1주기 때 추모회를 열었는데, 이때 김구가 많은 임시정부 동지와 함께 참석했다.[23]

추푸청과 인루리는 김구를 자싱으로 피신시키는 데 중요한 역할을 한 이들이다.

홍커우공원 폭탄 의거가 일어났을 때 그들은 모두 상하이에 있었다. 그 당시 그들은 함께 상하이에서 저장성 사신(士紳)(청말, 민국시대 지방의 재산가나 세력가들)들이 만든 공회를 준비하느라, 저장성 각 지역의 사신들과 연락을 취하고 있었다. 여기에 샤오정은 인루리와 같은 원저우(溫州) 사람이고, 당시 상하이 법학원 원장을 맡고 있던 추푸청과도 전부터 알고 지낸 사이였다. 이 때문에 박찬익은 분명 샤오정을 통해 추푸청, 인루리와 연락이 되었을 것이다. 또《남파 박찬익 전기》에 기술된 내용에 의하면, 추푸청과 박찬익은 북벌 과정에서 좋은 친구가 되었다고 한다. 이 역시도 아마 추푸청이 김구를 구하는 데 적극적으로 임한 이유 중 하나일 것이다.

한편 추푸청이 김구를 구하는 과정에서 아직 분명하게 밝혀지지 않은 부분이 하나 있다. 그것은 김구가 상하이를 떠날 때 추푸청이 동행했느냐이다.

《민국인물 소전(民国人物小传)》 중 〈추푸청전〉에는 '김구가 일본의 지명수배를 받고 있어, 추푸청이 그를 변장을 시켜 자싱으로 무사히 탈출하도록 했다.' 라고 기술되어 있다.[24] 이미 앞의 서술에서 알 수 있듯이 김구의 변장은 피치 집에서 이뤄졌고, 관련 자료에도 추푸청이 당시 피치 집에 있었다는 내용은 없다. 또한 피치의 책에서도 김구를 상하이역으로 데려가는 내용은 자세히 서술했지만, 추푸청에 대한 언급은 없었다. 다만 아래와 같은 내용은 볼 수 있다.

"추푸청이 지시를 받아 김구를 숨겨준 일은 그가 상하이 법학원 원장으로 있던 때였다. 게다가 추푸청이 직접 김구를 데리고 자싱으로 갔다."[25]

이 내용을 보면 추푸청이 직접 김구를 자싱으로 데려간 것으로 보인다. 이때 상황에 대해 샤오정의 기억은 다음과 같다.

"……천궈푸 선생이 내게 말했다.…… 지금 김구 선생이 상하이에서 매우 위험한 상황에 처했으니 방법을 찾아보라고.

천궈푸 선생은 내가 저장성 사람들과 관계가 아주 좋은 것을 알고 있기에, 가능하면 내가 직접 김구를 저장성으로 데려가길 바랐다.······ 나는 저장성 자싱의 추푸청 선생을 알고 있는데, 그는 한때 저장성 주석도 역임했다.······ 그래서 김 선생과 그의 주요 요인들을 추 선생에게 부탁하게 되었다. 당시 추 선생은 마침 상하이에 있어서, 김구 선생이 자싱에서 살 수 있도록 데려가 달라고 연락을 취했다.······" 26

샤오정은 추푸청에게 김구를 자싱으로 데려가 달라고 부탁했다고 했을 뿐, 추푸청이 김구와 함께 상하이를 떠났는지에 대해서는 분명하게 밝히지 않았다. 따라서 피치 부부가 김구 일행을 상하이역에 데려다줄 때, 상하이에 있었던 추푸청은 무엇을 하고 있었는지는 연구할 가치가 있는 주제이다. 추푸청이 당시 상하이에서 따로 이동해 자싱에서 김구를 만났는지, 아니면 자싱에서 기다리고 있다가 그를 맞았는지는 정확히 알 수 없다. 이를 확인하려면 관련 자료가 더 필요하다.

1. 김은충, 《한국독립당의 삼균제도의 해석(韓國獨立黨三均制度之詮釋)》, 한국독립당중국총지부, 1947.

2. 1912년부터 1922년까지 쑨원과 혁명당이 약법 복구를 위해 두 차례 호법운동을 전개했다. 이 호법운동을 수립하고 지도하기 위해 중국 광저우에 설립한 정부를 호법정부라 이른다.

3. 차오진제(曹晋杰) 편저, 《抗日战争中在中国的外国国家元首(항일전쟁 중 중국에 있던 외국 국가원수)》, 흑룡강인민출판사(黑龙江人民出版社), 2002.

4. 왕밍페이(王明飞), 《홍커우 사건이 중한 관계에 미친 영향》, 중국조선사연구회, 연변대학교 조선. 한국역사연구소 편저 〈조선, 한국사 연구〉 제10집, 연변대학교출판사, 2009.

5. 우테청, 《우테청 회고록(吴铁城回忆录)》, 삼민서국(三民书局), 1993.

6. 진윈룽(金云龙), 《김구 평전》, 요녕민족출판사(辽宁民族出版社), 1999.

7. 펑카이원(冯开文)·양쟈오취안(杨昭全) 편저, 《충칭의 대한민국임시정부(大韩民国临时政府在重庆)》, 충칭출판사, 1999.

8. 국민당 내의 특무 성격을 지닌 조직으로 1932년 장제스의 지시로 세워졌다. 장제스가 조직의 장이고 중화민족을 부흥시킨다는 이름으로 당시에는 항일운동을 전개했다. 조직은 내(內), 중(中), 외(外) 3층 구

조로 되어있는데 복흥사가 외층 조직이고, 내층 조직이 바로 황푸군 관학교 출신 군인들이 핵심인 역행사(力行社)라고도 불리는 그 유명한 우파조직 남의사(藍衣社)이다.

9. 쉬완민(徐萬民), 《중한관계사: 근대편》, 중국사회과학출판사, 2014(개정판).

10. 펑카이원(冯开文)·양쟈오취안(杨昭全) 편저, 《충칭의 대한민국임시정부(大韩民国临时政府在重庆)》, 충칭출판사, 1999.

11. 펑카이원(冯开文)·양쟈오취안(杨昭全) 편저, 《충칭의 대한민국임시정부(大韩民国临时政府在重庆)》, 충칭출판사, 1999.

12. 왕밍페이(王明飞), 《훙커우 사건이 중한 관계에 미친 영향》, 중국조선사연구회, 연변대학교 조선, 한국역사연구소 편저 〈조선, 한국사 연구〉 제10집, 연변대학교출판사, 2009.

13. 《虎步流亡-金九在中国(위풍당당한 망명 생활-중국에서의 김구)》, 인민문학출판사(人民文学出版社), 1999.

14. 진원롱, 《김구 평전》, 요녕민족출판사, 1999.

15. 자싱시 정협문사자료위원회 편저, 《자싱에서의 김구》, 15쪽에 실린 무타오(沐涛)의 논문 〈상하이 훙커우공원 폭탄 투척 사건과 자싱으로 피신한 김구〉, 저장인민출판사, 1998.

16. 조지 애시모어 피치, 《중국에서 나의 80년(My Eighty Years in China)》, 타이베이 메이야출판공사(台北美亚出版公司), 1967.

17. 자싱시 정협문사자료위원회 편저, 《자싱에서의 김구》, 18쪽에 실린 정정화, 〈자싱으로 피난〉, 저장인민출판사, 1998.

18. 자싱시 정협문사자료위원회 편저,《자싱에서의 김구》, 18쪽에 실린 정 정화,〈자싱으로 피난〉, 저장인민출판사, 1998.

19. 《虎步流－金九在中国(위풍당당한 망명 생활－중국에서의 김구)》, 인 민문학출판사, 1999, 143쪽.

20. 리우옌쥔(刘燕军),《조지 피치》, 난징출판사, 2016.

21. 선우진,《위대한 한국인, 백범 김구》, 한국국립중앙도서관, 1983.

22. 1905년 쑨원이 도쿄에서 조직한 저항운동 비밀결사. 중국 동맹회 는 한족의 애국지사, 공화주의자, 사회주의 활동가들이 공동의 목표 로 함께 뭉쳐서 반청(反淸), 반외세 단체인 흥중회(興中會), 화흥회 (華興會) 등을 동맹회로 합쳐 조직했다. 쑨원은 이 단체의 초대 회장 에 추대되었다. 1906년 싱가포르에 지부가 결성되었고, 911년 청나 라가 무너지고 중화민국이 설립되자 1912년 8월 국민당으로 흡수되 었다.

23. 왕톈송(王天松) 편저,《추푸청 연표장편(年表長編)》, 문사(文史)출판 사, 2012, 212쪽.

24. 리우샤오탕(刘绍唐) 편저,《민국인물 소전(民国人物小传)》, 상하이 삼연(三联)서점, 2015.

25. 진젠런(金建人) 편저,《한국 독립운동 연구(韩国独立运动研究)》, 학 원(学苑)출판사, 1999.

26. 《한국 독립운동사 사료집－중국 인사 증언》에 수록된 샤오정의〈중국 국민당과 김구〉에 수록. 이 내용은 2014년 저장대학출판사에서 출간 된 스젠궈(石建国)의《중국 내 한국 반일독립운동 연구(中国境内韩 国反日独立复国运动研究)》에 인용되었다.

3장

김구, 자싱에서 보호를 받으며 지내다

대한민국임시정부는 1932년 6월에 자싱으로 왔고, 1935년 11월 임시정부 본부가 전장에서 난징으로 옮겨갔다. 그 기간 김구는 주로 자싱에서 생활했다. 비록 긴 시간은 아니지만 김구 개인의 삶과 대한민국임시정부의 역사적 의미로 보면 아주 중요한 전환점이 된 시기였다. 이 기간 동안 김구는 정탐과 일본 사복 경찰의 체포 위협을 피하면서 대한민국임시정부가 나아갈 방향을 설정하고 조정했다. 즉 이 몇 년은 김구 개인과 대한민국임시정부가 기사회생한 중요한 시간이었다.

그리고 김구가 기사회생할 수 있었던 반전의 핵심은 김구 스스로 자신을 잘 지킨 점도 있지만 국민정부와 추푸청을 비롯한 자싱 사람들이 힘을 합쳐 그를 보호한 데 있다.

광둥인 장천치우로 살다

쉬완민은 《중한관계사: 근대편》에 김구가 자싱에서 생활한 모습을 아래와 같이 간략하게 설명했다.

"김구는 이름을 장천치우(張震球) 또는 장천(張震)으로 바꾸었다. 김구는 추푸청의 수양아들 천통성(陳桐生)의 정자나 천통성의 부인 주(朱) 씨의 친정인 하이옌(海盐)의 산속 별장, 자싱 옌자방(严家浜)의 농민 쑨용바오(孙用宝)의 집을 오가며 살았고, 때로는 배 위에서 지내기도 했다. 몇 차례 행적이 드러날 때마다 거처를 옮기며 살았다.
일본 정보기관은 상하이를 샅샅이 뒤지며 수색했지만 김구의 모습을 찾지 못하자, 그가 철도 노선을 따라 숨었는지 의심했다. 그래서 많은 정탐을 보내 항저우, 난징으로 가는 철도 노선을 따라가며 수색을 벌였지만 아무런 소득이 없었다."

자싱에서 생활하는 내내 일본 사복 경찰과 정탐, 밀정의 위협에 놓여 있었기에 김구는 자싱에서 한곳에 머물지 못하고 계속 이곳저곳 떠돌며 살았다. 이런 생활은 어쩔 수 없는 선택이었지만 자신을 보호하는 수단이기도 했다.

김구는 자싱으로 온 이후 이름은 장천치우 또는 장천으로 바꾸고 자신을 '광둥에서 온 장사꾼'이라 말하면서 중국 표준어인 보통화를 잘 못하는 약점을 감추었다.[1]

이 역시도 자신을 보호하는 계책이었다.

성을 장 씨로 한 이유는 김구 할머니가 '장 씨'였기 때문이다. 수많은 이름 중에서 '천치우(震球)' 또는 '천(震)'이라고 한 이유는 무엇일까?

《도왜실기》에 이런 구절이 있다.

"……작년에 선생은 비범한 행동 없이는 왜놈들의 간담을 서늘하게 할 수 없으며, 세계의 주목을 받을 수 없음을 깊게 깨닫고 한인애국단을 조직하였으니 이 애국단이 조직된 지 채 반년도 되지 않아……"

홍커우공원 폭탄 의거는 바로 김구가 기획한 '비범한 행동'이고, 그 행동으로 '세계의 주목을 받는' 목적도 이루었다.

'천치우(震球)'는 세상을 놀라게 한다는 의미로, 바로 '세계의 주목을 받는' 일을 계속하겠다는 뜻을 담고 있다.

김구가 이 이름을 사용했기 때문에, 당시 김구를 만났거나 보았던 자싱 사람들은 그를 '장 선생'이나 '장 씨 아저씨'란 뜻의 '장보보(张伯伯)²'로만 알았을 뿐 김구인지는 몰랐다.

그 당시 김구와 인연이 있던 쑨구이롱(孙桂荣)은 장천치우, 즉 김구가 그에게 맡긴 책이 들어 있다는 '상자' 때문에 하마터면 죽을 뻔한 일을 생생하게 기억하고 있다.

쑨구이롱은 〈자싱 옌자방에 피신해서 살았던 김구에 관한 이야기〉에서 이렇게 말했다.

"……특히 기억에 남는 일이 있습니다. 한번은 장 선생이 자싱에 가더니 커다란 나무 상자를 들고 왔어요. 배가 강 부두에 닿자, 선생이 아버지께 도와달라고 했어요. 책이 든 상자라고 했는데, 아주 무거워서 넷이서 간신히 들어 내렸어요. 선생은 아버지께 아주 중요한 책들이니 잘 보관해달라고 신신당부했어요. 특히 습기가 차거나 젖으면 안 된다고 하셨어요. 장 선생은 이 책 상자를 아주 소중히 여겨서 8월경, 옌자방을 떠나기 전에 종이에 '张震球'라고 이름을 쓴 다음 반으로 찢어서 한쪽은 아버지에게 주고, 나머지 한쪽은 가져갔어요. 그리고 앞으로 누가 책 상자를 가지러 오면, 먼저 이 종이를 맞춰서 딱 맞는지 확인한 다음에 주라고 했어요. 만약 그렇지 않으면 그 누가 와도 절대로 주면 안 된다고요.

우리 가족들은 장 선생을 정말 존경했어요. 그래서 장 선생의 부탁대로 그 상자를 정말 소중하게 여겼어요.

1937년 11월, 일본군이 자싱을 침범한 후에 함부로 집을 불태우고 사람을 죽이는 등 온갖 악행을 저질렀지요. 부모님과 나는 장 선생이 우리한테 보관해달라고 맡긴 그 상자의 안전이 너무 걱정됐어요. 그래서 어느 날 밤, 우리는 책이 괜찮은지 확인하려고 땅속에 묻어두었던 상자를 꺼내서 열어보았어요. 그런데 차라리 보지 말 것을! 우리는 상자 속 물건을 보고 놀라 주저앉아서 한참 동안 아무 말도 못 했지요. 세상에나! 책은 무슨! 상자 속은 물통 모양, 도시락 모양, 전등 모양 등등 온갖 모양의 폭탄으로 가득했어요!

그때 장 선생은 이미 자싱을 떠난 뒤였고, 수양아버지 일가도 피난을 간 뒤라 상의할 데가 없었지요. 그래서 어쩔 수 없이 다시 원래 자리에 묻은 다음, 혹시나 이상하게 보일까 봐 주변 흙도 전부 파헤친 다음 고르게 다졌어요. 그리고 얼마 후 밤에 몰래 와서 꺼내서 문제가 생기지 않았는지 확인한 다음 다시 땅에 파묻었지요. 그런데 나중에 이 '책 상자' 때문에 우리 집이 큰 화를 당해서 하마터면 죽을 뻔했습니다.

그날은 1938년 음력 6월 10일 밤이었어요. 마을에 강도가 들었는데, 그들이 예전에 우리 집에 광둥 상인이 묵었고 그 사람이 우리한테 커다란 상자를 맡긴 일을 알고 있었어요. 그 강도들은 그 상자 안에 금은보화가 가득할 거라 여겼지요. 강도들은 집 안에 들이닥쳐 다 헤집으면서 우리에게 그 상자를 내놓으라 겁박했어요. 아버지는 이미 담을 넘어 도망쳤고, 강도는 나와 어머니를 잡아 욕을 하고 마구 때렸어요. 모른다고 버티자, 우리를 의자에 묶은 다음 서양 기름—아마 석유를 말하는 듯—을 가져와 솜에 적신 다음 우리 배 위에 올려놓았지요. 솜에 불을 붙이자 타기 시작했어요. 가슴부터 배까지 불이 붙자 나와 어머니는 너무 고통스러워 비명을 질러댔어요. 하지만 끝내 말을 하지는 않았어요. 그렇게 괴롭히다가 날이 새자, 강도들은 가버렸어요. 나와 어머니의 상처는 아물었지만, 절대 사라지지 않는 흉터가 배에 남았지요. 우리 둘의 배에는 마치 꽃처럼 울긋불긋 얼룩덜룩한 화상 상처가 남아 있습니다.……"

김구는 자싱을 떠난 후에도 쑨구이룽 집안과 연락을 이어나

갔다. 쑨구이룽은 그 상황에 관해 이렇게 구술했다.

"……자싱을 떠난 뒤 난징으로 간 장 선생은 우리에게 여러 차례 편지를 보내왔어요. 편지에 늘 고맙고 또 그립다고 썼지요. 한번은 선생이 일이 있어 항저우로 왔는데, 일부러 자싱으로 와서 우리 집에 들렀지요. 그때 선생은 내가 얼마 뒤 결혼한다는 걸 알고 부부를 처음 만나 인사할 때 돈을 주는 중국 풍습대로 돈을 주셨어요.……. 장 선생이 한국으로 돌아가고 나서 사진을 한 장 보내오셨어요. 그게 우리 집과 장 선생의 마지막 연락이었지요.……" 3

추푸청 가족의 보호

자싱에서 김구는 주로 추푸청 가족들의 보호를 받았다. 가장 먼저 그들은 김구에게 피신해 있을 거처를 제공했다. 김구는 자싱에서 주로 메이완제(梅湾街) 76호에 살았고, 임시정부 일부 요인과 그 가족들은 르후이차오(日晖桥) 17호에 살았다.

그 상황은 〈남파 박찬익 전기〉에 이렇게 기술되어 있다.

"……추푸청의 아들 추펑장(褚鳳章)의 공장에 딸린 방 일부를 임시정부에 내주고 청년훈련장으로 삼았다. 추펑장이 준비한 김구 피난처는 임시정부 요인들이 살던 곳과 꽤 거리가 있었다. 안전 때문에 김구의 거처는 박찬익, 엄항섭, 추펑장 등 몇 명만 알고 있었다.……" [4]

위의 글에서 말하는 김구의 피난처는 바로 메이완제 76호다. 이곳은 임시정부 일부 요인들과 가족들이 살았던 르후이차오 17호와는 약 200여 미터 떨어져 있었다.

메이완제 76호는 현재 김구 기념지로 지정되었는데, 이곳은 김구의 아들 김신이 그 위치를 확인해주었다. 1996년 자싱시 정부는 이곳을 수리 보수한 다음 '김구 피난처'라 이름 짓고 자싱시 문물보호지역으로 지정했다.

★ 사진 19 ─ 메이완제 76호 김구 피난처(2018년 2월 13일 촬영)

장링아오(张羚澳)[5]는《내가 알고 있는 한국 임시정부》에 이렇게 기술했다.

"……추 선생의 수양아들 천퉁성의 집은 목조 구조의 2층 고옥으로 두 칸 넓이에 앞뒤로 작은 마당이 3개 있었다. 좁은 골목 안에 있어서 사람들의 시선을 끌지 않았지만 안전을 위해 더욱 드러나지 않도록 김구는 가장 안쪽에 있는, 남쪽으로 호수에 붙어 있는 반서양식 작은 집에 머물렀다. 2층에는 침실이 있었고, 아래층에는 생활할 작은 방이 두 개 있었다. ……서쪽으로는 호수로 바로 통하는 뒷문이 있었다. 그곳에는 고용한 자싱의 뱃사공 주아이바오(朱爱宝)가 항상 배를 대고 있다가 언제든 수로를 통해 호수 각 방면으로 나갈 수 있었다. 평소에는 천퉁성과 가족들 외에 누구도 그곳에는 가지 못하도록 했다. 그 때문에 김구는 그곳에서 아주 평온하게 지낼 수 있었다. 만약 앞에서 이상한 움직임이 있으면 뒷문을 통해 바로 물길로 나갈 수 있어 아주 편리했다.……"

★ 사진 20 — 메이완제 76호 2층 김구의 침실 (2017년 7월 15일 촬영)

추푸청이 이곳을 김구의 거처로 선택하는 데 있어 얼마나 많은 고심을 했는지 알 수 있다.

메이완제 76호의 주인 천통성은 어떤 사람일까?

천통쑨(陳桐蓀)이라고도 불리는 그는 중국의 항일전쟁 전에는 산둥성 칭다오와 저장성 자싱현 정부에서 일했고, 후에 자싱 외곽에서 작은 농장을 경영했다. 1931년에는 추펑장이 연 제지공장에서 일하다가 한동안 추푸청의 비서로 일했다. 1945년 이후에는 자싱으로 돌아와 잠사공장을 열었고, 자싱 구제원 원장으로 일했다.[6]

1933년 천통성과 김구를 비롯한 임시정부 요인들이 함께 사진을 찍었다. 촬영 지점은 불명확하지만, 메이완제 76호일 가능성도 있다.

★ 사진 21 ─ 왼쪽부터 김구, 천통성, 이동녕, 엄항섭

장링아오는 《내가 알고 있는 한국 임시정부》에서 르후이차오 17호에 대해서도 기술했다.

"메이완제 76호에서 대략 200미터 정도 떨어진 곳에 있는 르후이차오 17호는 아주 오래된 스쿠먼(石庫门)[7] 대원으로 4칸 넓이에 2층 구조의 집에, 앞에는 넓은 정원과 높은 담장이 둘러 있다. 추 씨 성의 상인이 지은 건물이지만, 당시 잠사공장의 창고로 사용되고 있었는데, 세계 경기가 불황이라 공장 가동이 멈춰 이곳 역시 비어 있었다. 때문에 지금 임시정부의 요인들이 피난처로 사용하기에 안성맞춤이었다. 이곳에서 임시정부 요인 이시영, 이동녕, 차리석, 송병조, 조성환, 민필호 등의 가족이 잠시 생활했고, 김구의 노모도 이곳에 잠시 머물렀다."

여기서 말한 '추 씨 성의 상인'이 바로 추펑장이다.

추펑장(1896-1951).
추푸청의 큰아들이다. 옌타이(烟台)해군학교에서 공부했고, 1917년 미국 유학을 떠나 우스터 폴리테크닉대학에서 공부하다가 1918년 MIT로 옮겨 전기공학을 전공하고 1920년 학사학위, 1921년 석사학위를 받았다. 1924년 〈자싱상보(嘉興商報)〉를 창간했다. 1927년 저장성 우정국 감독, 저장성 석유 특별세무국 국장을 역임했고, 후에 국민당 정부 문관처 참의, 저장성 건설청 처장을 역임했다. 1930년 자싱에서 제지 공장에서 기술자로 일했고, 1933년 자싱 잠사공장의 대표를 지냈다. 항일항쟁 기간에 쿤밍(昆明)으로 갔다가 1945년 이후에는 자싱과 항저우에서 제지공장을 경영하다가 상하이로 이주해 살았다.

김구가 자싱으로 몸을 피신하고 얼마 후, 일제가 김구가 장쑤성과 저장성 일대에 숨어 있을 것이라 의심하고 수많은 정탐을 항저우, 난징으로 향하는 철로 일대의 도시와 마을로 보내 뒤지고 있다는 소식을 들었다. 추펑장이 알아보니 정말로 일본의 사복 경찰들이 자싱 기차역에서 승객들의 종적을 묻고 다닌다 했다. 그 때문에 추펑장, 천퉁성은 김구를 자싱 하이옌에 있는 추펑장의 아내 주자루이(朱佳蕊)의 친정으로 피신시키기로 했다.

이때의 상황을 장링아오는 이렇게 설명했다.

"추펑장의 부인 주자루이는 추펑장의 후처로 혼인한 지 얼마

되지 않았고, 막 아이를 낳은 상황이었다. 그녀는 아름답고 현숙한 여인이었고, 친정은 하이옌 최고 부잣집으로 집도 아주 넓고 오가는 이들도 많았다. 안전을 위해 추펑장은 아내 혼자 하녀 하나 데리고 김구와 함께 자싱에서 40여 킬로미터 떨어진 난베이후(南北湖)에 있는 별장에 잠시 머물게 하기로 결정했다."

주자루이(1904-1955).
저장성 하이옌 출신. 1923년 자싱초급여자사범학교를 졸업하고 하이옌으로 돌아와 소학교에서 교사로 일했다. 1931년 추펑장과 결혼했다. 항일전쟁이 전면적으로 시작되자 온 가족과 함께 저장성 동쪽으로 피난갔다. 후에 추펑장과 함께 쿤밍으로 갔다가 돌아와 상하이에 자리를 잡았다.

1932년, 김구를 비롯한 대한민국임시정부 요인들이 추 씨 집에서 추펑장 부부와 함께 사진을 찍었다(사진 22).

★ 사진 22 — 앞줄 왼쪽부터. 천퉁셩의 부인 쉬시우셩(許秀生), 김의한의 부인 정정화, 민필호의 모친 이헌경. 연미당(엄항섭의 부인), 주자루이, 뒷줄 왼쪽부터 천퉁셩, 신원 미상, 김의한, 이동녕, 박찬익, 김구, 엄항섭, 추평장

국민정부의 은밀한 보호

국민정부가 김구를 어떻게 보호했는지 그 기본 상황은 다음과 같이 기술되어 있다.

"당시 장쑤성 주석이던 천궈푸가 소식을 듣고 나서, 바로 샤오정을 저장성으로 보내 김구 관련해 여러 가지 행정 문제들

100

을 관리하도록 하고, 김구 등 임시정부 인사들이 상하이를 떠난 뒤에 필요한 모든 것을 전부 해결하도록 했다. 샤오정은 동향인 인루리는 물론 저장성 신해혁명 원로인 추푸청과도 잘 알고 있기에, 김구 등을 소개할 겸 먼저 자싱으로 가서 추푸청의 집에 잠시 머물렀다. 추푸청은 기꺼이 모든 일을 맡아 책임지겠다고 했다. 그다음 안전이 가장 우선이므로 샤오정은 저장성 보안처 처장 장보청과 밀담을 나누었다. 샤오정이 김구의 안전을 지켜봐달라 부탁하자 장보청은 안전을 책임지겠다고 장담했다. 또한 국민정부의 최고 당국 역시 이 일에 특별한 관심을 가지고 지켜보겠다고 했다. 그밖에 독일에서 소환된 뤄샤톈(羅霞天) 등이 비밀보호 임무를 맡게 되었다. 이 때문에 일제가 김구를 잡으려 혈안이 되어 60만 위안의 현상금까지 내걸었지만 여전히 그 행적은 오리무중이었다. 국민정부가 한국 독립운동의 지도자 김구를 비밀리에 보호하는 계획은 이렇게 순조롭게 진행되었다."[8]

위 글에서 언급된 장보청은 저장성 보안처 처장으로, 저장성 정부 당국의 보안 역량을 써서 김구를 보호할 수 있는 위치에 있었다.

장보청(1889-1952).

저장성 출신이다. 항저우 사범학당, 쑤저우 우베이(武備)학당을 졸업하고 바오딩(保定)군관학교의 교관으로 일했다. 북벌전쟁 시기에는 국민혁명당 제1로군 참모장으로 있었다. 1927년 저장성 정부 군사청 청장, 저장성 방어군 총사령을 역임했고, 항일전쟁이 전면적으로 시작된 후에는 상하이에서 지하공작을 하다가 1944년 일본군에 체포되었다. 해방 후 중앙군사위원회 상하이 위원장을 맡아 상하이 질서 수립을 위해 일했다. 국민당이 타이완으로 떠날 때 병세가 깊어 따라가지 않았고, 상하이에서 1952년 사망했다.

★ 사진 23 — 장보청

★ 사진 24 — 공페이청

장보청은 저장성의 보안 계통을 이용해서 김구를 보호했지
만, 김구와 직접적인 연락을 하지는 않았다. 김구의 안전 상
황을 즉시 파악할 수 있도록 샤오정은 공페이청(贡沛诚)을
보내 김구와 연락을 취했다.

샤오정은 후에 김구를 자싱으로 피신시키는 과정을 이렇게
회상했다.

"당시 추푸청 선생이 상하이에 있었기에 선생에게 연락하기가 편했다. 추푸청 선생에게 김구 선생과 임시정부 요인들을 자싱으로 데려가 살게 해달라고 부탁했다. 자싱에 있을 때 나 대신 연락을 도맡았던 이가 있었는데, 그가 바로 공페이청이다."[9]

공페이청(1895-1986).
장쑤성 우진(武進) 출신이다. 1917년 난징고등사범학교를 졸업하고, 1925년 국립 둥난대학교 교육학과를 졸업했다. 1929년 독일로 유학 가서 베를린대학교 경제지리학과를 졸업하고 1932년 귀국했다. 돌아온 뒤 중앙정치학교 교관, 저장성 정부위원, 저장성 건설청장을 역임했다.

샤오정이 김구와 연락하도록 공페이청을 보낸 데는 공적으로도 사적으로도 모두 이유가 있었다. 공적으로는 김구와의 연락은 믿을 수 있고 또 힘이 있는 이가 맡아야 했기 때문이다. 사적으로는 샤오정과 공페이청은 모두 독일 유학생 출신으로, 둘 다 국민당 주독일지부 성원이어서 사적 교류가 있었다.
그밖에 샤오정은 뤄샤텐 등에게 비밀 보호 임무를 맡겼다고 했는데, 이는 장보청의 보안 계통을 통한 보호 외에 보호망을 한 겹 더 설치한 것이다. 뤼샤텐과 공페이청, 샤오정은 모두 국민당 주독일지부 성원이다. 김구의 보호는 국민당 고위층 간부들의 계획이었지만 구체적으로 실행하는 주요 임무는 샤오정과 그의 친구들이 책임졌다. 1938년, 김구가 창사(长沙)에서 습격을 받아 죽을 뻔했을 때[10], 장제스가 뤼샤텐을 보내 친서와 함께 치료비 3,000위안을 건넸다.[11]

뤼샤텐(1898-1980).
저장성 린안(臨安) 출신이다. 항저우에서 학업을 하는 동안 항저우 학생회 회장을 맡았다. 1919년 〈저장일보〉를 창간해 주필을 맡았고, 1921년 독일로 유학 가 베를린대학교에서 정치학을 공부하고 1924년 귀국했다. 돌아와 광저우 황푸군관학교에서 정치교관, 항공반 교관을 맡았고, 1925년 중앙항공학교 정치총교관을 맡았다. 1932년 4월 29일 훙커우공원 폭탄 의거가 일어난 이후 비밀리에 김구와 대한민국임시정부 요인들을 보호했다. 국민정부에서 계속 일하다가 1949년 타이완으로 가서 1980년 타이베이에서 사망했다.

★ 사진 25 — 뤄샤텐

뱃사공 주아이바오의 역할

김구는 많이 배운 지식인 여성과 함께 생활하게 되면 쉽게 신분이 드러날 것이라 여겼다. 그래서 글도 모르는 뱃사공 주아이바오의 도움을 받는 것이 낫다고 생각했다. 1932년 자싱에 온 뒤, 김구는 주아이바오와 함께 생활했다. 후에 난징으로 갈 때도 주아이바오와 함께 갔고, 1937년 김구가 급작스레 난징을 떠나게 되었을 때야 두 사람은 헤어졌다.

★ 사진 26 — 주아이바오

★ 사진 27 ― 중국어판 《선월(船月)》 책 표지

1990년대부터 중국에서는 김구와 주아이바오의 이야기를
엮은 소설과 연극이 나왔다. 1999년 인민문학(人民文学)출
판사에서 소설 《선월(船月)》이 출간되었다. 이 책은 한국에
서도 관심을 불러일으켰고, 한국어판도 출간되었다.

★ 사진 28 — 한국어판 《선월(船月)》 책 표지

2002년에는 연극 작품 〈혈화정심(血火情深)〉이 제9회 저장성 연극절에 상연되어, 김구와 주아이바오의 이야기가 연극 무대로 옮겨졌다.

2003년 〈혈화정심〉이 희곡 관련 잡지인 〈희문(戲文)〉에 발표되었다. 이전의 자료에서는 주아이바오가 추푸청 집에서 뱃사공이라고 했지만 구체적인 설명은 거의 없었다. 〈혈화정심〉의 인물 소개에는 이렇게 적혀 있다.

★ 사진 29 ― 〈혈화정심〉 연극 포스터

주아이바오. 추푸청 며느리의 먼 친척으로 추푸청 집안의 일을 돕고 있다. 당시 20세.[12]

다음은 〈혈화정심〉에 나오는 한 장면이다.

김　구:　아이바오는 정말 좋은 아가씨입니다. 충직하고 현숙하고, 특히 배를 다루는 기술은 정말 놀랍습니다.

추푸청:　그녀는 배를 모는 뱃사공이니 배를 다루는 일이 본업이지요. 내 며느리의 먼 친척인데, 지금 우리 집에서 일을 돕고 있습니다. 성실하고 선하고 글을 배운 적은 없지만 예의 바르고 사리 분별을 잘합니다.

김　구:　아, 그렇군요.

추푸청:　안전을 위해서 앞으로는 선생께서 그녀의 배에서 많이 머물 수밖에 없습니다. 그녀가 잘 돌봐줄 테니 걱정할 필요 없습니다.

김　구:　선생의 세심한 배려에 정말 감사드립니다.

소설이든 연극이든 김구와 주아이바오를 함께 생활하는 부부 같은 관계로 묘사했다. 김구와 주아이바오 사이의 이런 관계에 대해 류자명(柳子明)은 이렇게 회고했다.

"......백범 선생과 중국 여성 주아이바오가 함께 살게 된 이유는, 주아이바오는 처음에는 생활 때문이었다. 한 달에 15위안의 돈 때문이었다. 하지만 나중에 둘 사이의 생활은 점점 그런 단순한 목적을 넘어섰다. 내가 매번 백범 선생 집에 갈 때마다 두 사람의 모습은 친밀하기 그지없었다. 정말로 부부처럼 보였다. 게다가 백범 선생은 주아이바오와 함께 살면서 마음 상태가 그 어느 때보다 편해 보였다......." 13

게다가 사실 주아이바오는 함께 사는 부인과 같은 역할 외에, 일정 부분 김구의 교통 요인의 역할도 하고 있었다.

김구는 《백범일지》에서 그와 주아이바오의 생활에 대해 이렇게 기술했다.

"나는 옌자방에서 온 뒤 엄항섭의 집과 천통성의 집을 돌아다니며 생활했다. 낮에는 주아이바오의 배에 올라 타 물길을 오가며 농촌의 풍광을 감상했다. 이게 나의 매일매일의 일상이었다."

이 기술만 봐도 주아이바오는 전적으로 김구를 태우고 다니는 역할을 했음을 알 수 있다. 그리고 이 일 말고도 김구를 위해 대한민국임시정부 요인들을 데려오고 보내는 교통 요인의 역할도 했다.

천통성의 아들 천궈천이 쓴 〈지난 일의 회고-존경해 마지않는 김구 선생〉에 이렇게 기재되어 있다.

"……조 선생이라 불리는 사람이 주아이바오의 배를 타고 왔다. 장보보에게 배에 오르라 해서 함께 배를 타고 외항 쪽으로 가며 이야기를 나누었다. 그다음 장보보를 쑨 씨 집에 데려다주고, 다시 조 선생을 자싱으로 데려다주었다. 조 선생은 이삼일에 한 번씩 쑨 씨 집으로 갔고, 장보보는 대략 3, 4개월 머물다 자싱으로 돌아갔다.……"

윗글에서 '장보보'는 김구, '조 선생'은 대한민국임시정부 요인 조소앙, '쑨 씨'는 쑨구이롱이다. 이처럼 주아이바오는 임시정부의 교통 요인의 역할을 톡톡히 해내고 있었고, 이 점은 연구자들도 결코 소홀히 여겨서는 안 된다.

1. 장링아오(张令澳), 《내가 알고 있는 한국 임시정부》, 2001년 제1기 〈세기〉에 인용됨.

2. 천통성의 아들 천궈천(陈国琛)의 기억 속에서 김구는 '장보보'였다.

3. 자싱시 정협 문사자료위원회 편저, 《자싱에서의 김구(金九在嘉兴)》 중 쑨구이롱 선생 구술 〈자싱 옌자방에 피신해서 살았던 김구에 관한 이야기〉, 저장인민출판사, 1998.

4. 자싱시 정협 문사자료위원회 편저, 《자싱에서의 김구(金九在嘉兴)》 중 〈남파 박찬익 전기〉, 저장인민출판사, 1998.

5. 장링아오(1915−2013). 1937년 일본 홋카이도대학을 졸업하고 귀국했다. 항전 시기 국민당 군정치부에서 일하며 대일본 선전과에서 일했다.

6. 자싱시 정협 문사자료위원회 편저, 《자싱에서의 김구(金九在嘉兴)》 중 천궈천 〈지난 일의 회고−존경해 마지않는 김구 선생〉, 저장인민출판사, 1998.

7. 스쿠먼은 서양과 중국 전통 민가의 특징을 혼합해 만든 주택으로, 여러 사람이 함께 살 수 있는 혼합형 주거 형태이다. 돌로 만든 문틀에 두꺼운 나무로 대문을 만든 데서 이름이 유래되었다. 중국 강남 일대, 특히 상하이에서 많이 볼 수 있다.

8. 진젠런(金建人) 편저, 《한국 독립 운동 연구(韩国独立运动研究)》 중 우다(吳达), 양팡인(杨芳茵)의 〈고국의 비극을 슬퍼하며 서로 돕고

의지하는 정을 느끼다-김구 난베이후로 피하다(悲故国沉沦之思 感唇齿相依之情-金九避难南北湖)〉, 학원출판사, 1999.

9. 《한국 독립운동사 사료집-중국 인사 증언》에 수록된 샤오징의 〈중국 국민당과 김구〉에 수록. 이 내용은 2014년 저장대학출판사에서 출간된 스젠궈(石建国)의 《중국 내 한국 반일독립운동 연구(中国境内韩国反日独立复国运动研究)》에서 인용되었다.

10. 남목청 사건을 가리킨다. 1938년 한국국민당의 김구, 지청천의 조선혁명당, 조소앙의 한국독립당이 통합을 협의하기 위해 조선혁명당 당사가 있는 창사 '남목청'에서 지청천과 유동열, 현익철 등이 모였다. 이 과정에서 소외감을 느낀 조선혁명당의 강창제, 박창세 등이 합당을 반대하며 일본군과 내통한 밀정 조선혁명당원 이운환을 사주해 김구, 현익철, 유동열, 지청천 등을 향해 권총을 난사한 사건이다. 이 충격으로 만주지역 독립군 세력의 중심이었던 현익철 선생이 사망하고 김구, 유동열, 지청천은 중상을 입었다. 김구는 심장에 총을 맞아 상아병원으로 후송되었으나 의사들은 살아날 가망이 없다고 응급치료도 포기한다. 하지만 4시간 동안이나 방치된 김구가 아직 살아 있는 것을 본 의료진이 치료를 시작한다. 그후 의사들의 헌신적인 치료와 중국국민당 총재 장제스의 친서와 치료비 등 각별한 도움을 받아 구사일생으로 목숨을 구했다.

11. 쉬마오한(许懋汉), 《김구, 김신과 장제스 부자》.

12. 위안췬, 《난싱지(难行集)-위안췬의 희곡 작품선》, 중국 희극(戏剧)출판사, 2003.

13. 진위안룽(金元龙), 《김구 평전》, 랴오닝민주출판사, 1999, 199쪽.

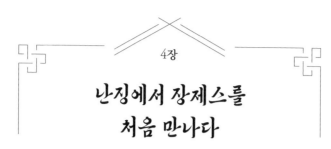

4장

난징에서 장제스를
처음 만나다

김구와 장제스가 난징에서 처음 만난 일에 관해서는 지금까지 명확하게 기술된 논문과 저서가 없다. 만난 시간조차도 아직 정확하게 확인되지 않고 있다. 이번 장에서는 처음 면담 신청부터 시작해서 그 역사적 사건의 과정을 세세하게 설명해보려 한다.

만남을 청하다

《한국 독립운동과 중국 관계 편년사(1919–1949)》[1]에 1933

년 5월 면담에 관해 다음과 같이 기술되어 있다.

"중국 국민정부 주석 장제스가 장쑤성 주석 천궈푸를 통해 김구와 만나기로 약속했다."

이 만남이 1933년 5월에 이뤄진 것이 분명한지는 일단 접어 두고, 우선 그 맥락부터 살펴보자.

이 기술은 장제스가 김구를 만나기 위해 주도적으로 움직인 것으로 느껴지는데, 이는 역사적 사실과는 다르다.

이 만남에 관해서 당사자인 김구가 《백범일지》에서 정확하게 기술했다.

"중국국민당 당원으로 난징 중앙당부에서 일하고 있는 박찬익은 국민당 중앙정부 요인들과 아주 잘 알고 있었다. 그 때문에 그를 통해 당의 조직부장이자 장쑤성 주석 천궈푸 선생에게 연락했고, 천궈푸의 소개로 장제스 장군의 면담 통지를 받았다."

이 내용을 통해 이 면담은 김구가 먼저 신청한 것임을 분명히 알 수 있다. 그의 요청을 박찬익이 천궈푸에게 전하자, 천궈푸가 장제스에게 보고하고, 장제스가 만남에 동의함으로써 이 만남이 성사된 것이다.

장제스,
만남에 동의한다는 답신을 보내다

장제스가 김구와의 만남에 동의한 구체적인 과정을 《한국 독립운동과 중국 관계 편년사(1919-1949)》에서 다음과 같이 기술했다.

1932년 8월 10일, 장제스가 한커우(汉口)에서 샤오정에게 전달하라는 메모를 달아 난징의 천리푸(陈立夫)[2]에게 보낸 전보에 김구 등을 난징에서 만나겠다고 했다. 다만 김구가 건의한 기병학교 문제는 '지금은 논의할 상황이 아니다'라고 했다. 이에 샤오정은 다음과 같은 설명을 달았다. "4·29 사건 이후 소관은 명을 받아 김 선생을 장수, 저장 시골에 비밀리에 숨겨두었고, 이때부터 한국 광복운동을 주관하고 있다.' 이 전보는 오양거(欧阳格) 장군에게 장공(장제스)에게 직접 보고한 뒤에 답신을 부탁했다."

그런데 여기서 '장제스가 한커우에서 난징의 천리푸에게 전보를 보냈다'는 서술은 잘못된 내용이다. 왜냐하면 이 답신은 오양거가 보낸 것이다. 장제스는 답신을 보내지 않았다. 오양거의 답신 전문은 아래와 같다.

난징의 천리푸, 먼저 샤오정에게 전달 : ……김구 등을 난징에서 만날 수 있다. 기병학교 일은 지금은 논의할 상황이 아니다. 오양거 회인(灰印).

회(灰)는 10일을 의미한다. 샤오정은 김구의 만남 신청은 오양거가 장제스에게 직접 대면 보고한 것이라 부연설명을 달았다. 앞에서 《백범일지》에 언급한 '이번 만남은 김구가 먼저 신청했고, 박찬익을 통해 천궈푸에게 전달되었다. 그다음 마지막으로 천궈푸가 장제스에게 보고하고, 장제스의 동의를 얻은 다음에야 이후 만남이 이뤄진 것이다'라는 내용은, 사실 아주 대략적인 기술일 뿐이다.

만약 그 과정의 세세한 상황을 풍부하게 설명하려면 그 사이에 적어도 샤오정과 오양거가 들어가야만 한다.

'박찬익이 천궈푸에게 만남 신청을 제기했다'는 그 중간에 샤오정 부분이 생략되었다.

120

김구는 '박찬익이 국민당 중앙정부 요인들과 아주 잘 알고 있어서 그를 통해 연락했다'고 했고, 그다음에 결국 만남을 갖겠다는 통지를 받았다. 상하이에서 김구를 구출할 당시 박찬익과 샤오정, 천궈푸의 관계를 봤을 때, 박찬익은 가장 먼저 샤오정에게 김구의 만남 신청을 설명했을 테고, 그다음에 샤오정이 천궈푸에게 보고했을 것이다. 그렇다면 후에 왜 샤오정은 오양거에게 장제스에게 직접 대면 보고를 해달라고 청했을까? 샤오정과 오양거, 공페이청, 뤄샤텐은 국민당 독일지부 구성원으로 다 같이 활동하다 귀국했으니 사적인 교류가 분명 있다. 서면 보고보다는 대면 보고가 효과도 크고 시간도 단축된다. 그래서 샤오정은 장제스에게 대면 보고를 해달라고 오양거에게 부탁했을 테고, 먼저 천궈푸의 동의를 얻었을 것이다. 그리고 당시 오양거는 마침 장제스를 만날 기회가 있었고, 샤오정은 그 기회를 잡아 직접 보고해달라 청했을 것으로 볼 수 있다.

상황을 헤아려보면 샤오정과 오양거의 우정 역시 이 만남에서 작은 역할을 한 것으로 보인다. 적어도 이 만남을 예상보다 빠르게 진전시켰다. 따라서 오양거의 역할 역시 절대로 무시할 수는 없다.

★ 사진 30 — 오양거

오양거(1895-1940).

호는 주옌(九淵), 장시성(江西省) 출신이다. 근대 불교학자 오양젠(欧阳渐)의 아들. 옌타이해군학교를 졸업하고, 1921 년 광둥 해군 예장함 함장을 맡았다. 1922년 천지옹밍(陈炯 明) 반란 사건이 일어났을 때 쑨원을 지켜낸 공로를 인정받 아 함대 사령으로 승진했다. 이후 광둥 국민당 해군국 대국장, 국민당 제5회 중앙감찰위원 등을 역임했다. 항일전쟁 중 1938년 마당(马当) 요새 전투에서 대패하여 1940년 총살당했다.

김구와 장제스의 만남

김구와 장제스가 만난 시간에 대한 견해는 《한국 독립운동과 중국 관계 편년사(1919-1949)》에 서술된 1933년 5월 외에도 몇 가지 더 있다.

1. 1932년 9월

   양샤오취안(杨昭全)[3]은 《중국 내 한국 반일 독립운동사(1910-1945)》에서 샤오정의 회상을 근거로 만난 시간을 1932년 9월이라 썼다.

2. 1932년 12월 10일

   12월 10일, 장제스가 김구를 초청해서 역사적인 만남을 가졌다.[4]

3. 1933년 1월

   1933년 1월 장제스가 난징에서 김구를 만나 쌍방 협력에

관해 밀담을 나눴다.[5]

4. 1933년 봄

2010년 사회과학출판사에서 출간된 스위안화의 《한국 독립운동 연구 신탐》에 수록된 추이펑춘(崔风春)[6]의 논문 〈김구특무대 연구〉에서 김구와 장제스가 만난 시간은 1933년 봄이라고 서술했다.

먼저, 나는 1933년 5월이라는 의견은 오류라 생각한다. 그 이유는 장제스가 김구를 만난 이후, 천궈푸를 통해 김구에게 대한민국임시정부에 가장 필요한 것은 무관들의 훈련이라 생각한다는 의견을 전한 것이 1933년 2월이기 때문이다. 《한국 독립운동과 중국 관계 편년사(1919~1949)》에 이런 내용이 서술되어 있다.

"······1933년 2월 22일, 천궈푸가 샤오정에게 전보를 보내, 국민당 뤄양군관학교에 한국 동지들이 훈련할 반을 개설하는 일에 관해 알리며, 예정대로 준비하라는 장제스의 답신도 받았다고 전했다.······"

이 내용은 2월에 장제스가 뤄양군관학교에서 한국 학생들을 훈련하는 일을 허락했음을 설명한다. 그런데 장제스가 김구를 이보다 늦은 5월에 만났다는 것은 합리적이지 않다. 따라서 1933년 5월에 만났다는 것은 분명한 오류라 생각한다.

오양거의 회신은 1932년 8월 10일에 있었다. 시간상으로 보면 위의 네 가지 견해 모두 가능성이 있다. 하지만 나는 1932년 12월 10일이 정확하다고 본다. 장링아오는《접견실의 회상록(待从室回梦录)》에서 이렇게 기술했다.

"항일전쟁이 전면적으로 폭발하기 전인 1932년 겨울, 장제스가 비밀리에 김구를 만났다."

이 기술이 위의 1932년 12월 10일에 만났다는 견해와 가장 근접하다. 장링아오는 바로 장제스의 접견실에서 일을 한 사람이니 그의 이 기술을 가장 믿을 수 있다. 이런 점과 이후 1933년 2월에 장제스가 한인 학생이 뤄양군관학교에서 훈련하는 일을 준비하라는 답신을 보낸 것 등 일련의 사건들의 시간적 흐름을 봤을 때 1932년 12월 10일에 만났다는 견해가 가장 타당한 것으로 보인다.

만남의 세세한 이야기

장링아오는 《접견실의 회상록》에서 김구와 안공근, 엄항섭이 난징으로 오자 공페이청, 샤오정 등이 천궈푸를 대신해서 그들을 맞이했고 중앙반점에 묵었다고 서술했다.

다음날 이뤄진 만남에 관해서는 김구가 《백범일지》에 아래와 같이 자세히 기술했다.

……다음 날 밤, 나는 임시 통역을 할 박찬익과 함께 천궈푸의 자동차를 타고 국민당 중앙군관학교 안에 있는 장제스 장군의 관저로 갔다. 중국식 의복을 입은 장군은 부드러운 얼굴로 나를 맞아주었다. 서로 날씨로 인사를 나눈 뒤, 장제스가 간결하고 명확한 어조로 말했다.

"동양의 각 민족은 쑨원 선생의 삼민주의(三民主義)에 맞는 정치를 하는 것이 마땅합니다."

내가 동감을 표하며 말했다.

"그렇습니다. 그런데 일본의 마수가 시시각각 중국으로 뻗쳐오고 있습니다. 주위를 물러주시면 글로 몇 마디 올리겠습니다."

"좋소."

126

천귀푸와 박찬익이 나가자 장제스가 붓과 먹을 가져왔다. 나는 붓을 들어 글을 썼다.

"선생이 100만 위안을 지원해준다면 2년 안에 일본, 조선, 만주 세 곳에서 큰 폭동을 일으켜 대륙 침략을 위한 일본의 교두보를 파괴하겠소. 어떻습니까?"

장 선생은 내 글을 보더니 붓을 들었다.

"상세한 계획을 글로 작성해주시오."

나는 그렇게 하겠다고 하고 나왔다.……

중앙군관학교 안의 장제스 관저는 난징 황푸루 국민정부 국방부대원(현재의 난징 군구대원안) 안에 있었으며, 치루(憩廬)라 불렸다. '쉬는 집'이라는 의미의 치루는 1929년 10월에 완공되었다. 대지 300㎡에 남향으로 지어진 붉은색 서양식 2층 건물로, 1층에는 사무실과 접견실이 있다. 장제스 부부는 이곳에서 1949년까지 살았다.

★ 사진 31 ─ 중앙군관학교 안의 장제스 관저 치루

중앙반점에서
활동 계획의 초안을 잡다

김구는 장제스와 만난 이후, 장제스의 요청에 따라 중앙반점
에서 이후 활동 계획에 관한 초안을 작성했다. 당시 국민정
부는 김구가 묵는 방 주변을 사방으로 엄밀하게 경계하고 비
밀 경비를 세워두었다.[7]

★ 사진 32 — 1940년대의 치루

★ 사진 32 — 중앙반점

천궈푸, 김구를 초대하다

김구는 이 연회에 관해《백범일지》에 아래와 같이 간략하게 서술했다.

"다음날, 간단한 계획서를 작성해서 보냈더니 천궈푸가 자신의 별장으로 초대해 연회를 베풀었다. 이 자리에서 천궈푸는 장제스 장군을 대신해 이렇게 권유했다.
"특무 공작으로 일왕을 죽인다 해도 일왕은 또 나올 것이고, 대장을 죽인다 해도 대장은 또 나올 것입니다. 그러니 앞으로 독립하려면 군인을 키워야 하지 않겠습니까?"
"사실 감히 부탁할 수 없어서 말을 못 했지만 그것이 내가 진실로 바라는 바입니다. 문제는 장소와 재력입니다."

그 이후, 국민정부는 김구에게 실질적인 도움을 주기 시작했다.

국민정부와 대한민국임시정부가
협력을 시작하다

장링아오는 《접견실의 회상록》에서 장제스와 김구의 만남 결과에 대해 이렇게 설명했다.

"이 만남 이후, 장군은 김구가 갖고 있던 두 가지 어려움을 해결해주었다.

첫 번째는 매월 보조금 5,000위안을 지급해 김구 일행이 생활하는 데 쓰도록 했다. 활동 경비는 김구 측에서 구체적인 계획서를 작성해 제출하면 확인을 거친 뒤, 실행할 때 별도로 지급했다.

두 번째는 국민정부가 김구를 비롯한 임시정부 요인들의 안전을 보장하는 것이었다. 이 두 가지 문제에 대해 장제스는 천궈푸에게 연락과 집행을 책임지라고 당부했다."

이 5,000위안의 보조금에 대해서는 샤오정 역시 회고록에서 언급했다.

"김 선생과 총통이 첫 번째 나눈 이야기는 총통이 한국독립당이 광복운동을 할 수 있도록 도와주길 바란다는 일이었다. 총통은 나중에 매월 5,000위안을 한국독립당에 지급했다. 이 일은 천궈푸 선생에게 맡겼고, 천궈푸 선생은 내게 처리

하라 지시했다. 이 보조금은 후에 대한민국임시정부가 충칭
으로 옮겨갈 때까지 계속 지급되었고, 1941년에야 끝이 났
다. 당시의 5,000위안은 엄청나게 큰 금액이었다."[8]

장제스는 김구를 만난 이후, 대한민국임시정부가 학생들을
무관으로 훈련시키려는 계획에 동의했다.

1933년 2월 22일, 천궈푸는 샤오정에게 전보를 보낸다. 뤄
양군관학교에 한국인 동지들을 훈련시키는 반을 개설하기
로 했고, 이 일은 이미 장제스에게 허락한다는 답을 받은 일
이니 즉시 한국 측에 알리라는 내용이었다. 이에 김구는 바
로 학생들을 모집하고 교관을 청하는 일에 착수했다.

이처럼 장제스와 김구의 만남은 국민정부와 대한민국임시
정부가 협력해서 항일투쟁을 전개한 중요한 상징이다. 그날
이후 김구는 국민정부의 재정적 지원 아래 1935년 한국국민
당을 조직해, 거의 와해 상태로 가던 임시정부를 지탱해나갔
다. 1935년 11월 3일, 임시정부는 조직을 개편했는데 국무
위원 7명이 한국국민당 간부였다. 김구는 외무장을 맡아 임
시정부의 실권을 장악했다. 그 후 국민정부와 대한민국임시
정부의 협력관계는 밀접해지기 시작했고, 점점 심화되었다.

1. 스위안화·장젠충 편저, 《한국 독립운동과 중국 관계 편년사(1919-1949)》, 중국사회과학출판사, 2012.

2. 1900-2001년. 타이완의 정치인. 천궈푸의 동생이며 천치메이의 조카. 장제스의 최측근 중 한 명.

3. 1958년에 베이징대학교를 졸업하고 연변교육출판사에서 일했다. 1978년에 지린성 사회과학원 조선연구소에 와서 조선, 남북의 역사와 중국과 조선 관계사 연구에 종사하였다. 1993년 퇴직 후 지린성 사회과학원 한국독립운동연구센터 주임으로 초빙되었다. 《대한민국임시정부사》를 비롯해 중국과 한국, 북한 관련 저서 수십 권을 출판했고 그중 《중한관계사》, 《중국 내 한국 반일 독립운동사》, 《조선의용군 항일》이 한국에서 번역 출판되었다.

4. 쉬완민, 《중한관계사: 근대편》

5. 위인(余音), 《민국 제일 협객 야초진(亞樵真) 전기》, 2013.

6. 저장대학교 박사. 한국어, 일본어에 능통하고 한국, 일본에 관한 다수의 논문을 발표했다. 옌볜대학교 민족연구소, 저장대학교 한국연구소, 광서사범대학교 세계사연구소에서 일했고, 교토대학교 객좌교수로 있다가 현재는 항저우사범대학교 외국어대학 교수로 있다.

7. 쉬마오한, 《김구, 김신과 장제스 부자》.

8. 《한국 독립운동사 사료집-중국인사 증언》에 수록된 샤오정의 〈중국국민당과 김구〉. 이 내용은 2014년 저장대학출판사에서 출간된 스젠궈(石建国)의 《중국 내 한국 반일 독립운동 연구(中国境内韩国反日独立复国运动研究)》에 재인용되었다.

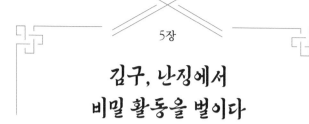

5장

김구, 난징에서
비밀 활동을 벌이다

1933년 2월 22일. 김구는 샤오정을 통해 장제스의 뜻이 담긴 천궈푸의 전보를 전달받고 곧바로 학생들을 모집하고 교관을 수소문하기 시작했다.

같은 해 3월 10일. 김구는 국민당 중앙조직부의 대한국 연락 담당자인 샤오정에게 서한을 보내 돌봐준 모든 것에 감사를 표시한 뒤 덧붙여 이렇게 말했다.

"원래 사람을 도울 때는 끝까지 돕는 것이 의입니다. 함께 협력하여 대업이 하루 빨리 실현되기를 간절히 바랍니다. 이른 시일 내에 만나서 다시 이야기할 수 있기를 삼가 기다립니다."[1]

이렇게 김구와 장제스의 만남이 이뤄진 후에, 국민정부와 대한민국임시정부의 실질적인 협력이 빠르게 진행되기 시작했다.

당시 김구는 여전히 일본 헌병과 경찰의 체포 위험에 놓여 있었다. 그 때문에 그가 이끌던 한인애국단, 한국특무대 독립군, 학생훈련소 3원 체제의 운영과 진행은 그의 곁에 있던 안공근, 노종균(盧鍾均), 오면직(吳冕稙) 등이 나눠서 각 단체의 구체적인 실무를 책임졌다.

한인애국단이 중국 국민정부와 접촉하고 협력하는 일을 맡았다면, 한국특무대는 독립군 전위부대로서 일제에 대한 직접적인 무장투쟁을 벌였다. 학생훈련소는 중국국민당 중앙육군군관학교에 입교하기 전에 학생들을 예비교육을 하는 훈련소였다.

한국특무대 vs. 김구특무대

한국특무대의 상황에 대해서는 무타오, 차오쥔의 논문 〈1930년대 난징에서 이뤄진 한국 독립군의 군사 인재 양성 활동〉[2]에 다음과 같이 자세히 기재되어 있다.

한국인 특별반이 편성되기 이전에는 대한민국임시정부는 1931년 '9·18사변'[3] 이후의 중국의 항전 형세에 근거해서 특무 활동을 항일투쟁의 주요 방법으로 결정했다. 이를 토대로 임시정부에 예속되는 비밀 특무대를 설립했는데, 그 실체가 바로 한인애국단이다. 한국인 특별반을 만드는 과정에서 김구와 지청천(池靑天. 이명 이천청) 사이에 불화가 생겨, 김구는 자신의 수하 학생들을 퇴학시킨 뒤, 임시 방안으로 일부 학생들을 난징 중앙육군학교에서 공부하도록 했다. 그다음 이들 항일투쟁 역량을 자신의 지휘하에 둘 생각이었다. 1934년 말, 이들 학생을 핵심으로 김구는 한국특무대 독립군을 창건했다. 그 본부는 난징 무장잉(木匠营) 가오강리(高岗里) 1호에 있었으며 '김구 구락부(俱樂部)'라 불리기도 했다. 특무대의 대장을 김구가 맡고, 안공근이 참모를 맡고, 그 아래에 7개의 분대가 있었다. 1935년 9월경에는 총 76명의 대원이 있었다. 이 조직의 원칙은 다음과 같았다.

1. 군사적 무장 수양을 목적으로 한다.
2. 조직의 목적에 반하거나 지도자의 명령을 위배하거나 기타 당파와 왕래하여 적에게 자신의 동지를 파는 자는 반역자라는 죄명으로 처단한다.

3. 본 조직은 한국 해방과 혁명을 위해 자신을 무장하고, 제
   국주의자를 파괴하는 정책을 실행하여, 제국주의자를 무
   너뜨리는 목적으로 군사 활동을 진행한다.

이 논문에서 저자는 한국특무대의 설립 시기를 1934년 말
이라 서술했다. 그런데《한국 독립운동과 중국 관계 편년
사(1919-1949)》에 이런 내용이 나온다. 567쪽에 '1934년 12월
말, 김구 구락부의 주요 구성원……', 569쪽에 '1935년 1월
중순에 김구파 구성원이 비밀조직 특무대를 설립했다.' 라고
두 단체의 이름을 언급했다. 김구 특무대는 무엇일까? 한국
특무대와는 별개의 조직일까? 우선 각각의 서술을 살펴보자.

1.……(1934년) 12월 김구 구락부의 주요 구성원 안공근 등
과 중앙군관학교 한국 국적 학생 27명이 난징 시내 가오안리
(高安里)1호에서 '김구 선생 혁명 투신 활동 40주년 기념 축
하회'를 거행했다. 김구는 안전 문제로 참석하지 못했다. 내
빈으로 조선의열단 김원봉과 기타 우호적 관계의 정당 간부
두 명이 참석했다. 안공근이 기념회 사회를 보면서 지난 40
년 동안 해왔던 김구의 항일투쟁 경력을 진술했고, 김원봉이
축사를 하고, 주효춘(오면직의 가명 중 하나)이 격정적인 찬사

를 했다. 김동산(김구의 장남 김인의 아호)이 아버지를 대신해 답사했다. 기념회가 끝나고 이들은 난징 중화로 노만춘(老萬春)주점에서 간단한 축하 연회를 열어 참석한 모든 이들을 초대했다.……

2.……(1935년) 1월 중순, 김구파 구성원 30여 명이 모여 비밀조직 특무대를 설립했다. 안전 문제를 고려해서 김구는 회의에 참석하지 않았다. 회의를 주재한 안공근은 이렇게 말했다. "오늘까지도 김구 선생은 대원들이 안심하고 공부할 수 있도록 생활비와 학비를 마련해주고 있으니, 선생님께 존경의 마음을 갖는 것이 당연하다. 오늘 우리가 함께 모여 애국단 특무대를 설립했다. 이는 조선 독립 혁명의 선봉대이며 동시에 앞으로 조선 독립 혁명운동단체의 통일에 있어 기본 조직이 될 것이다. 오늘부터 우리 모두는 특무대원으로서 그 책임의 중요성을 알아야 하며, 대장의 명령에 절대 복종해야 한다. 모두 엄격한 규율과 통제 속에서 조선 독립의 제1전선에 서서 노력하고 헌신하길 바란다."……

이 두 내용을 살펴보면 두 개의 다른 단체가 1934년 12월과 1935년 1월에 각각 행사를 벌인 것으로 서술했다. 아니다.

이 책의 편저자들이 김구 구락부와 김구 특무대가 한국특무대의 별칭임을 간과했기 때문에 이렇게 서술한 것이다. 이두 조직은 다른 조직이 아니라 모두 다 한국특무대이다.

이 책 내용을 보다 자세히 살펴보면 1935년 1월이라는 견해는 추이평춘의 논문 〈김구특무대 연구〉에서 온 것이다. 그는 이 논문에서 '1935년 1월 중순'이라 썼다. 다만 아래와 같은 주석을 달았다.

'일제 정보기관의 자료에 의하면, 김구특무대 성립 시기는 1934년 11월 또는 12월이다.'

앞에서 서술한 대로 무타오, 차오쥔의 논문 〈1930년대 난징에서 이뤄진 한국 독립군의 군사인재 양성 활동〉에서는 성립 시기를 1934년 말로 쓰고 있다. 이 역시도 일제 정보기관의 자료를 참고한 것으로 보인다. 따라서 한국특무대의 성립 시기는 1934년이 비교적 믿을 만하지만, 구체적인 시기에 대해서는 계속 연구와 조사가 필요하다.

특무대 설립 지점에 대해서는 앞의 논문 〈1930년대 난징에서 이뤄진 한국 독립군의 군사인재 양성 활동〉에서는 무장잉 가오강리(高崗里) 1호라 기술했고, 《한국 독립운동과 중국 관계 편년사(1919-1949)》에서는 '가오안리(高安里) 1호'로 잘못 기재했다.

특무대의 통신 주소는 난징시 치왕제(奇望街) 우체국 사서함 125 및 7호를 썼다. 치왕제 우체국은 1923년에 설립되었는데, 옛터는 현재 난징시 젠캉루(健康路) 110호이다. 1935년 치왕제를 신식 도로로 확장 공사하면서 이름을 젠캉루로 바꾸었고, 치왕제 우체국도 젠캉루 우체국으로 이름이 바뀐 뒤 2000년 말까지 사용되었다.

★ 사진 34 ─ 치왕제 우체국 옛 모습. 〈상하이 화보〉

한국특무대는 한국독립군 창건이 목표임과 동시에 특무대
원을 조선, 중국 동북지역 대도시로 몰래 보내 조선의 청소
년들을 모집해서, 군사 인재를 양성하고자 했다. 그밖에 특
무대는 기관지 〈신민(新民)〉을 발행했고, 대원들은 자유롭
게 투고할 수 있었다. 중요한 기념일을 맞이할 때마다 특무
대는 전체 대원을 소집해서 기념 활동도 벌였다.

1935년 10월 중순, 일본 간토군 특무기관장 도이하라 겐지

(土肥原賢二)의 음모에 속아 특무대 대원들 중 일부가 진상도 제대로 알지 못하고 장제스와 난징 정부 요인 암살 사건에 개입하게 된다. 사건 전 우연히 검거되어 미수로 그쳤지만 이로 인해 김구특무대는 큰 타격을 받았다. 대원들이 이 사건에 연루되거나 특무대를 떠나거나 다른 당파로 가거나 체포되고 자수하면서 특무대 내부 상황이 그대로 드러나고 말았다. 이에 김구는 중국의 입장을 고려해 특무대 해체를 선포한다.

1937년 난징이 일본에 점령된 이후, 가오강리 1호는 '유신정부(維新政府)'[4]의 난징 경찰청 3등대대 소속 리루팅(李汝聡)의 주택으로 사용되었다.

학생훈련소 vs. 멍장훈련소

학생훈련소에 관해서는《한국 독립운동과 중국 관계 편년사(1919-1949)》에 다음과 같이 기술되어 있다.

"(1935년) 2월, 김구가 난징성 안의 동관터우(东关头) 32호에서 비밀리에 학생예비훈련소를 만들었다.

숙소까지 갖춘 이 훈련소는 '특무대 예비훈련소'라 불리거나 '중앙군교 제11기 예비반'이라 불렸고, 대외적으로는 '몽장 (蒙藏)훈련소'라 불렸다. 이 훈련소는 국민당 중앙군사학교 의 교육 기준을 따랐고, 중국 교관들을 청해 한국 학생들을 가르쳤다. 주요 교육 내용은 정신교육과 초등 군사교육, 기 초 문화 교육 등 예비교육이었다. 중국 측이 군경이나 사복 경찰을 보내 경계 업무를 맡았고, 안공근이 외교와 후방 작 업을 책임졌다. 노종균, 김동산 등이 감독을 맡았고, 정성언 (鄭成彦)이 문화 수업을 맡았다. 김구는 학생들에게 무료로 교육과 숙소를 제공했을 뿐 아니라 매월 10위안씩 생활 보조 금도 지급했다.

무타오, 차오쥔의 논문 〈1930년대 난징에서 이뤄진 한국 독 립군의 군사 인재 양성 활동〉에는 학생훈련소에 관한 기록 이 더 자세하게 서술되어 있다.

"대원들은 매일 아침 7시에 일어나 밤 10시에 취침했다. 중 국어, 기하, 대수 등이 주요 수업 과목이었고, 그밖에 한국 특무대 독립군 간부들의 정신교육도 받았다. 하지만 교사 자

144

격과 경비 지출의 어려움으로 인해 학생들은 전문 교육자들의 학과 교육을 받지는 못했고, 중국어, 기하, 대수 등에 일정 정도 지식이 있는 대원들의 지도하에 스스로 학습을 진행했다. 간부의 역할은 바로 대원들을 지도하고 감독하는 것이었다.

학생훈련소는 엄격한 보안을 유지해야 해서, 대외적으로는 '명장훈련소'라 불렀다. 김구파 군교 청년의 출입을 허가하지 않는 것은 물론 훈련소의 모든 학생은 한국 특무대 독립군 본부와 그 어떤 왕래도 허락하지 않았다. 이처럼 학생훈련소는 엄격하게 폐쇄식 군사화 관리를 실행했다.

……학생훈련소를 그렇게 엄격하고 치밀하게 비밀 운영을 했는데도, 1935년 6월 일본 정보기관에 노출되고 말았다. 일본의 수색을 피하고자 학생훈련소는 1935년 6월 하순에 장쑤성 이싱현(宜兴县) 덩광쓰(澄光寺)로 옮겼다. 같은 해 9월 하순 다시 난징으로 돌아와 잠시 빠바오호우제(八宝后街) 23호 김구 모친이 살던 곳에 자리를 잡았다. 그로부터 얼마 뒤, 학생 이우정, 김여수가 일본 난징 총사령관의 경찰에게 체포되었다. 10월 6일 학생훈련소를 란치제(蓝旗街) 8호로 옮겼고, 그 활동 역시 한층 더 기밀하게 행했다.

학생 수는 처음에는 10여 명에 불과했지만, 석 달 뒤인 1935

년 5월에는 47명으로 늘어났다. 하지만 나중에 스스로 떠나는 이도 있어 감소했다."

학생훈련소를 왜 대외적으로 '명장훈련소'라 칭했을까? 그 이유는 학생훈련소가 있는 동관터우 32호는 난징 바이루저우(白鷺洲) 공원 부근에 위치해 있는데, 이곳은 원래 국민정부 명장위원회가 있었기 때문이다. 한상다오(韓相祷)의 논문 〈난징과 한국 독립운동〉[5]에 의하면 동관터우 32호에는 중국식 단층 건물 2동이 있었다고 한다.

란치제 8호는 추이펑춘의 고증에 의하면, 난징시 위다오제(御道街)와 후청허(护城河) 사이에 있고, 청나라 시대 란치아먼(蓝旗衙門)이 있어서 이렇게 이름지어졌다. 란치제 7, 8호와 9호 사이에 원래 둥근 우물이 있었는데, 현재는 폐쇄되었다. 1935년 10월 6일, 학생훈련소가 란치제 8호로 이전하기 전에 이곳은 국민정부 입법위원 스샹콴(史尚宽)이 세들어 살았다.

1933년 11월 29일, 스샹콴이 란치제 8호를 임차했다. 그 등기 내용을 보면,

"……이 부동산은 남쪽으로 걸어나갈 수 있고, 서쪽으로 란

치제. 북쪽으로 비아오잉(标营)까지 이어진다. 그 면적은
41.9036무(약 8,160평)이다."

★ 사진 35 — 스샹콴

이 등기서류에는 란치제 8호의 면적이 정확하게 기재되어 있어, 추이평춘의 고증에 유력한 보충 증거가 되어준다. 란치제 8호에 정말 학생훈련소가 있었다면 40명이 넘는 학생들이 학습하고 생활하는 공간이기에 그에 마땅한 공간이 필요한데, 41무라면 모든 것을 충분히 수용할 수 있는 면적이다. 1935년 11월 중순, 학생훈련소의 학생들은 각지로 흩어져 보내지고, 훈련소는 정식으로 문을 닫는다. 일부 학생은 나중에 한국특무대 독립군과 함께 한국국민당 청년단에 편입된다.

한국국민당 청년단 활동

한국국민당 청년단은 한국국민당 청년 전위조직이며, 김구 특무대 활동의 핵심 세력이다. 한국국민당 청년단을 알려면 먼저 한국국민당을 이해해야 한다.
《한국 독립운동과 중국 관계 편년사(1919-1949)》에서는 한국국민당에 대해 다음과 같이 소개했다.

"(1935년) 11월, 대한민국임시정부가 심각한 어려움에 직면

■史尚寬承租藍旗街八號旗產登請登記案

南京市財政局布告　第　號

為布告事：查租戶史尚寬，承租坐落本市藍旗街門牌八號旗產，遵章聲請登記前來，業經本局派員查勘，該地東至倪姓及穗營，南至走路，西至虛旗街，北至穗營，計面柘肆拾覚畝玖分零柒毫陸絲，合行布告週知，倘有利害關係人對於上列旗產聲明異議，應自布告之日起一個月內，向本局提出理由書，以憑核辦。毋精延誤一切！此布。

中華民國二十二年十一月廿九日

局長石　瑛·

★ 사진 36 — 스샹관이 임차한 란치제 8호의 임차 등기서류

하게 되어 해체해야 할 상황까지 오자, 김구는 중국국민당을 모방해 전장에서 한국국민당 창건을 발기한다. 삼균주의(三均主義)를 주장하고, 토지 국유화 정책을 발표했다. 김구가 이사장을 맡고, 이동녕, 송병조, 조완구(趙琬九), 차리석, 안공근, 엄항섭이 이사를 맡고, 감사는 이시영, 조성환, 양묵(楊墨)이 맡았다. 당 본부는 난징 란치제 8호에 마련했고, 그 아래로 조사부, 행동부, 특무부, 교통부, 연락부 5개의 부를 두고, 상하이에 지부를 설립했다. 한국국민당은 임시정부의 생존과 발전을 굳건하게 지지하는 기초 정당이다."

한국국민당이 설립된 이후, 다음 해에 한국국민당 청년단이 설립되었다. 추이펑춘은 〈김구특무대 연구〉에서 그 조직에 대해 아래와 같이 간략하게 설명했다.

"1936년 봄, 김구는 청년들을 보내 한국국민당 청년 전위조직을 꾸리기 위해 모집을 시작했고, 약 20여 명의 청년들을 모았다. 7월 11일, 한국국민당 청년단이 정식으로 성립되었고, 창립 선언을 했다. 이들의 본부 역시 란치제 8호에 마련되었다.

단장은 김동산이고, 주요 단원으로 나태섭(羅泰燮), 김동수

(金東洙), 노무웅(盧無雄), 조동윤(趙東潤), 고시복(高時福.),
왕신호(王信虎), 조시제(趙時濟), 김영신(金永新), 염대달(廉
大達), 이재현(李在賢), 김상직(金尙稷), 계춘성(桂春城), 전선
학(錢鮮鶴) 등이 있다."

한국국민당과 한국국민당 청년단의 본부는 모두 란치제 8호
에 있었다. 이를 통해 이곳이 대한민국임시정부 김구파의 난
징 활동의 총본산임을 알 수 있다. 이전에 김구가 만든 한국
특무대와 학생훈련소의 대원들 역시 대다수가 한국국민당
청년단에 편입되었다.
1936년 8월 27일 한국국민당 청년단은 상하이에서 〈한청(韓
靑)〉이라는 잡지를 창간해서 반일 복국 선전 활동을 진행했다.[6]

일본에 관한
정보 수집 활동

김구가 난징에 온 이후 주요한 활동 중 하나는 국민정부에
일본에 관한 정보를 제공하는 일이었다. 이를 위해 국민정부
는 김구에게 무선 통신기를 제공했다.[7]

김구의 정보 업무에 관해 샤오정은 1983년 회고글 〈중국국민당과 김구〉에서 이렇게 기술했다.

"김구 선생의 당시 정보 수집 일은 일본의 중국 핍박이 갈수록 심해지는 상황 때문이었다. 1933년 이후, 일본인은 거의 매년 중국에서 사건을 일으켜, 총통(장제스를 지칭)께서 김 선생이 이런 정보 수집 부분에서 일을 해주길 원했다. 총통은 내게 주요하게 일본의 군대는 어떤 이들을 이용하고, 후방에서는 어떤 활동을 하는지 일본의 움직임을 정탐해달라고 김 선생에 전달하라 했다. 그리고 김 선생은 실제로 우리가 대일 항전을 하는 데 있어 아주 많은 도움을 주었다. 김 선생이 수집한 기밀 정보는 모두 다 내게 들어왔고, 내가 살펴본 다음 중요한 정보는 다시 천궈푸 선생에게 보냈다. 그다음 천 선생은 총통에게 보냈다.…… 수많은 보고들이 총통에게 전달되었고, 때로 중요한 보고는 군사위원회에 넘겨 집행하도록 했다."[8]

위의 기술에서 샤오정의 김구와 국민정부 사이에서 연락책 역할이 두드러진다. 받은 정보를 정리해서 보고하는 상황도 설명되어 있다. 따라서 란치제 8호는 김구의 정보처였음을 분명히 알 수 있다.

1. 스위안화. 장첸중 편저, 《한국 독립운동과 중국 관계 편년사(1919–1949)》. 중국사회과학출판사, 2012.

2. 이 논문은 스위안화가 엮은 《한국 독립 운동연구 신탐》에 수록되었다. 사회과학출판사 출간, 2010.

3. 만주사변이라고도 한다. 1931년 9월 18일 일제가 만주를 중국 침공의 병참기지를 만들고 식민지화하기 위한 계략으로 류조호에서 철도를 스스로 폭파하고, 이를 중국 군벌 장쉐량이 지휘하는 동북군의 소행이라 발표한 후 만주 침략을 개시했다.

4. 일제 침략 시기인 1938년 3월 난징에 성립된 괴뢰정권. 주축 세력은 중국에 파견된 군인들이다.

5. 이 논문은 1996년 〈난징대학교 학보(철학사회과학판)〉 제3기에 실렸다.

6. 스위안화, 장젠충 편저, 《한국 독립운동과 중국 관계 편년사(1919–1949)》, 중국사회과학출판사, 2012, 600쪽.

7. 양쟈오취안, 《중국 내 한국 반일 독립운동사(1910–1945)》, 제2권 263쪽, 길림인민출판사, 1996.

8. 샤오정, 《중국국민당과 김구》. 1983년 한국정신문화연구원이 엮은 책. 《한국 독립운동사 자료집》에 실린 내용을 양쟈오취안이 《중국 내 한국 반일 독립운동사(1910–1945)》 2권에 인용.

6장

김구에 대한
국민정부의 경제적 지원

홍커우공원 의거가 일어난 이후, 국민정부는 적극적으로 김구와 대한민국임시정부 요인들을 구하는 동시에 경제적으로도 지원을 했다. 당시 국민정부 재해구조위원회 상임위원을 맡고 있던 주칭란은 의거가 일어난 이후 한국 측에 원조 자금 3,300위안을 지원했는데, 그중 두 번은 국민당 내에서 일을 하고 있던 박찬익이 수령했다. 당시 박찬익이 상하이에서 한국 독립운동 지사들을 보호하면서 다른 곳으로 안전하게 보내는 일을 하고 있었다. 따라서 자금은 분명 흩어진 가족들과 독립운동 지도자들을 이주시키는 데 썼음이 분명하다.

1932년 5월 중순, 임시정부 군무총장 김철은 상하이시 상회(商會)에서 윤봉길과 안창호의 가족들에게 보내는 위로금 7,000위안을 받았고, 같은 해 6월엔 동북재민구조위원회로부터 5,000위안을 받았다. 또한 10월에는 추푸청이 안공근에게 5,000위안을 주었고, 그 밖에도 항목이 분명하지 않은 지원금을 수차례 받았다. 5월 12일 김철은 상하이시 상회 주석 왕샤오라이(王曉籟)로부터 1,300달러를 받았다. 김구도 중국 반일구국회에서 준 지원금 30,000달러를 받았다.[1]

당시 이런 지원금 대부분이 민간과 사회단체에서 보낸 것이라면, 1932년 김구와 장제스가 만난 다음부터 대한민국임시정부에 대한 원조는 국민정부에서 지원했다.

전면적인 원조 :
비밀 활동부터 일상생활까지

1932년 김구와 장제스가 만난 이후, 국민정부는 정식으로 김구를 지원하기 시작했다. 당시 장제스는 두 가지를 결정했다. 하나는 김구 일파의 생활에 사용하도록 매월 5,000위안의 보조비를 지원하는 것이다. 그 외 활동 경비는 김구 측에서 구체적인 계획을 세워 제출하면 비준을 거쳐 실행 시 별

도로 지급했다. 이는 비밀 활동에서부터 일상생활까지 전면
적인 지원이었다.

샤오정의 회고에 의하면, '김구 일파'는 한국독립당을 가리
킨다. 이 5,000위안은 한국독립당에 1941년까지 매달 계속
지급되었다. 활동 경비는 대한민국임시정부의 비밀 활동에
사용되는 경비로, 이 비용은 1945년 김구가 한국으로 돌아
갈 때까지 계속 지급되었다.

이 내용에 관해서는 《한국 독립운동과 중국 관계 편년사
(1919-1949)》에 의하면 1945년 10월 28일, 장제스가 우테
청에게 "임시정부 귀국 경비와 귀국 후 초기 진행 비용으로,
이미 지급한 5,000위안 외에 5,000만 프랑과 20만 달러의
추가 지급을 비준한다."라고 회신했다고 기술되어 있다.

스위안화는 《대한민국임시정부 주중국 대표단 연구》(2009)
에서 이렇게 기술했다.

"1932년 8월부터 중국 최고 당국의 비준을 거쳐 중국국민당
중앙조직부에서 매월 5,000위안을 김구 일파의 일상 경비로
지원했다. 또한 임시정부의 사업비 역시 김구가 계획을 제출
하면 별도로 지급하는 것으로 확정했다."

여기서 일상 경비와 사업비라고 전문화해 기술했지만, 지급
시점은 부정확하다. 김구와 장제스가 만난 시간이 1932년

12월인데 일상 경비와 사업비의 원조는 만남이 이뤄진 후에 실시된 것이므로 1932년 8월부터 중국 최고 당국의 비준을 얻어 지급했을 리가 없기 때문이다.

경비는
어떻게 지출되었을까

장제스는 김구에 대한 경제 지원은 천궈푸가 연락과 집행을 책임지도록 지시했다. 장링아오의 회고록 《접견실의 회상록》에서 다음과 같이 기술했다.

"대한민국임시정부는 각 연도별 예산을 편성했는데, 처음에는 장총통의 특별비 항목으로 지출했으나 나중에는 국민당 중앙당부 기밀경비 항목으로 지출했다."

다만 지원 경비가 언제부터 국민당 중앙당부 기밀경비 항목으로 바뀌었는지는 아직도 명확하지 않다.

샤오정을 통해 이뤄진
독립운동 지원

앞에서 말했듯이 장제스는 김구에 대한 경제 지원은 천궈푸
가 맡아서 연락하고 집행하도록 했지만, 구체적인 실무는 샤
오정이 맡아서 했다. 1983년 샤오정은 이 일에 관해 다음과
같이 회고했다.

"김 선생이 총통을 만나서 가장 먼저 한 이야기는 총통이 한
국독립당의 광복 운동을 도와주길 바란다는 것이었다. 총통
은 나중에 한국독립당에 매월 5,000위안씩 지급했다. 총통
은 이 사안을 천궈푸 선생에게 지시했고, 천궈푸 선생은 내
게 맡겼다. 이 보조비는 충칭으로 옮겨서도 계속 지급되다가
1941년에야 정지됐다."

일상 경비와 사업비 지원 외에 중대한 항목에 대해서도 김구
는 국민정부에 지원을 요청했다.

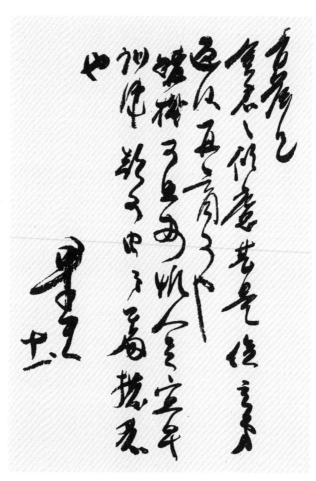

★ 사진 37 — 천궈푸가 샤오정에게 보낸 서신 1

160

1935년 10월 1일, 천궈푸는 국민당에서 대한민국 연락 업무를 맡고 있는 샤오정에게 서신을 보냈다(사진 37). 서신은 대한민국임시정부가 비행기를 구입하는 일에 관한 내용이었다. 내용은 다음과 같다.

"⋯⋯김 군이 고려하고 있는 일은 후에 입제(立弟)와 상의하도록 합시다. 비행기를 사는 일은 계획대로 하지만, 인원들의 훈련이 먼저이니 그 경비는 입제 쪽에서 처리하는 것으로 합시다."

이 편지 말미에 샤오정이 '김 군은 김구 선생'이라고 해설을 달았다. 당시 김구는 비행기를 사서 공군을 키울 생각을 하고 있었다. 천궈푸는 이에 동의하지만 먼저 비행사를 훈련시키는 일이 더 급하니 그 경비를 마련하도록 하자는 내용이다. '입제'는 천궈푸의 동생인 천리푸이다.

비행기를 사는 일은 실로 중대한 항목이기에 천궈푸는 신중하게 고민하고 있었다.

1936년 3월 26일, 천궈푸는 장제스에게 서신을 보내, 샤오정을 쓰촨으로 보낼 테니 만나서 대한민국 독립운동 지원에 관해 의견을 달라고 했다.

이 서신에서 샤오정과 장제스의 만남이 대한민국임시정부의 비행기를 구입하는 일이 아닐까 한다.

샤오정은 구체적인 돈의 지급을 책임졌는데, 때로는 자신이 먼저 대신 지불하기도 했다.

《한국 독립운동과 중국 관계 편년사(1919-1949)》에 이 상황이 이렇게 기술되어 있다.

"1934년 5월 10일, 천궈푸가 샤오정에게 보낸 서신(사진 38)에서, 김구 등의 예산 외 특별 비용에 대해 적극적으로 지원하라고 당부했다. '조 군(趙君)'이 와서, 어려움을 호소하니, 상황을 헤아려 그쪽에서-샤오정 측-500위안을 즉시 지급해 일을 처리하게 하라고 했다."

이 서신은 샤오정이 《한국 광복 운동을 도운 중국 측 사료》[2]에 실었다.

편지 말미에 샤오정은 이렇게 해설을 달았다.

"오른쪽 서신은 25년[3] 5월 10일에 쓴 것으로, 편지 속의 '조 군'은 안공근이다. 당시 김 선생은 각종 경비 지출로 어려움을 겪고 있어, 이미 편성된 예산 외에 특별 경비를 요구하는

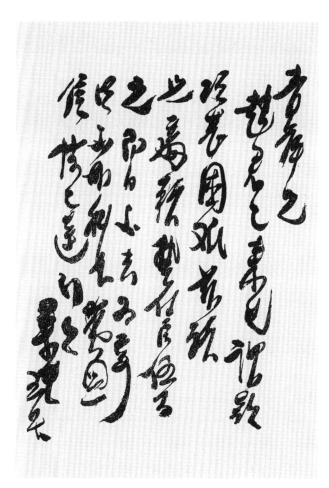

★ 사진 38 ― 천궈푸가 샤오정에게 보낸 서신 2

데, 모든 각종 경비가 나를 통해 지급되고 있었기 때문에 이 특별 비용에 대해 내가 먼저 대신 지급했다."

여기서 샤오정은 이 편지가 《한국 독립운동과 중국 관계 편 년사(1919-1949)》에서 기술한 1934년 5월 10일이 아니라 1936년 5월 10일에 쓴 것이라 설명하고 있다.

조 군은 안공근으로, 안공근은 조한용(趙漢用)이라는 가명을 썼 다.

안공근은 김구 사람으로, 김구가 난징에 있었던 시기에 특무 대를 훈련하고, 비밀 활동을 전개한 주요 지도자이다. 또한 김구와 국민정부의 주요 연락책이기도 했다.

안공근(1889-1940).

안중근의 동생으로. 황해도 신천 출신이다 . 1926년 상하이 한인교민단 단장을 맡았다. 1930년 한국독립당 내에서 특무 공작을 지휘했다. 1931년 한인애국단을 조직하고 참가했으 며, 1935년 한국국민당의 중요 간부가 되어, 친일 분자 암살 과 한국독립군 훈련에 주력했다. 1937년 한국청년단 선봉단 을 조직해 성립했다.

★ 사진 39 — 안공근

고별서에 실린 김구의 마음

1945년 11월 4일 오후 4시. 장제스는 충칭 국민당 강당에서 다과회를 열어, 귀국하는 김구 일행을 환송했다. 이날의 상황을 김구는 《백범일지》에 이렇게 썼다.

"우리가 충칭을 떠나게 되었을 때, 중앙정부와 국민당은 장제스 부부를 필두로 해서 정부, 당부, 각계 요인들 200여 명을 모아, 국민당 중앙당 당부 대강당으로 우리 임시정부 국무원과 한국독립당 간부를 초청했다. 중국 국기와 태극기가 교차로 걸려 있는 대강당에서 아주 엄숙하고 장중하면서도 감동적인 환송 연회를 진행했다. 장제스 주석과 쑹메이링 여사가 먼저 일어나 중국과 한국의 국운이 번창하기를 축원하는 치사를 했고, 우리도 역시 답사를 했다."

그 이틀 전, 11월 2일 오후 5시, 충칭의 중국 공산당 대표 저우언라이(周恩来), 동비우(董必武)가 팔로군(八路軍) 충칭 사무소 명의로 대한민국임시정부 요인 귀국 환송 연회를 열었고, 김구와 김규식을 비롯한 각부 부장들이 참석했다.[4]
이 상황에 대해 김구는 《백범일지》에 '중국 공산당 당 본부의 저우언라이, 동비우 역시 임시정부 국무원 위원 전체를 초대해 환송 연회를 열어주었다.'라고 썼다. 다만 환송 연회 시간은 기술하기 않았다.

11월 6일, 김구는 충칭 〈대공보(大公報)〉에 '대한민국임시정부 주석 김구가 중화민국 조야(朝野) 인사에게 드리는 고별서'라는 글을 실어, 대한민국 독립운동에 도움을 준 국민정

★ 사진 40 — 충칭 국민당 당사 강당에서 장제스가 연 김구 환송 연회[5]

부에 감사한 마음을 표현했다. 전문은 다음과 같다.

아시아의 동쪽, 우리 한국과 중화민국은 수천 년 형제의 나라입니다. 입술과 이처럼 서로 의지하고 격의 없이 친했음은 역사에도 기록되어 있습니다. 50년 전, 흉포한 왜구가 우리의 실정을 틈타 침략을 자행하여 나라를 잃었습니다. 우리 혁명 지사들은 참혹한 고통을 받고 나라의 원수를 갚을 것을 맹세하였습니다. 피를 흘리며 목숨을 바쳐 앞에서 쓰러지면 뒤에서 이어받아 독립을 위해 끊임없이 노력하고 싸우며 수십 년을 하루처럼 보냈습니다. 그 기간 동안 귀국의 대총통 손 공(쑨원을 지칭)에게 많은 도움을 받았기에, 돌봐주신 그 우정에 현재의 주석 장 공(장제스를 지칭)과 함께 깊은 그리움과 감사를 보냅니다. 또한 다방면에서 흔쾌히 도움을 주신 조야의 여러 인사들에게도 감사드립니다. 특히 최근 8년 동안의 항전 기간에 우리 대한민국임시정부가 귀국 정부를 따라 충칭으로 이전하도록 도움을 주었고, 정무나 출정 시 군비를 공급해주었습니다. 교민들의 생활을 유지하기 위해 모두가 경제적으로 어려움을 겪을 때도 도와주고 함께 해준 것에 감사드립니다. 게다가 얼마 전 카이로 회의에서 장 공께서 정의롭게 먼저 한국의 독립을 보장하자고 의견을 제출하여 맹방의 찬성을 얻었습니다. 그 깊은 의와 마음을 구(김구 본인)와 3천만 한인들은 영원히 잊지 못할 것입니다. 이제 동맹군이 승리하고 왜적은 항복하였습니다. 정의를 선포했고, 공리가 전승했습니다. 우리 한민족은 맹방의 도움으로 해방을 얻었습니다. 구는 국내 여론의 촉구로 이제 귀국하게 되었습니다. 이제 다시 장 공의 애정과 배려를 받아 따뜻한 송별은 물론 전용기까지 띄워 배웅을 받았습니다. 또한 당, 정,

168

군, 학계 등 각계 문화 단체 인사들의 열렬한 환송을 받았습니다. 그 깊고 두터운 정에 정말 깊이 감사드립니다. 시간이 촉박하여 일일이 인사를 드리지 못하는 점이 송구스럽기 그지없습니다. 또한 이별에 아쉬운 마음을 이렇게 글로 다 담을 수도 없습니다. 구는 귀국 후에 연합국 헌장 아래, 독립 민주국가를 건설하는 데 매진할 것입니다. 그리고 무엇보다 귀국과 돕고 협력하는 정신을 영원히 유지하고 싶고 그를 통해 동아시아의 평화를 보장하고 싶습니다. 이 기회를 빌어 특별히 몇 마디 글을 남깁니다. 바라건대 귀국과 우리 두 민족은 앞으로 영원히 서로에게 성실하고 친밀하게 지내길 바랍니다.

대중화 국민당, 정, 군, 학계 및 문화 단체의 각 선생의 건강을 기원합니다.

김구의 고별서가 실린 날 〈대공보〉 사설은 '충칭에 있던 대한민국 혁명지도자의 귀국에 붙여'라는 제목으로 대한민국의 지도자들이 더욱 진중하게 노력해서 시대적 사명을 완수하길 바란다는 내용을 실었다.

김구는 이렇게 신문을 통해 다시 한번 국민정부의 장기적인 지원과 지지에 특별한 감사를 전했다. 특히 항일전이 전면적으로 일어나고 8년 동안, 경제적으로 대단히 어려운 상황에도 불구하고, 기꺼이 재정적 지원과 군비를 제공해 교민들이 생활을 유지할 수 있게 해준 점에 대해 특히 감사했다.

1. 왕밍페이(王明飞), 〈'홍커우 사건'이 중·한 관계에 미친 영향〉, 중국 조선사연구회, 연변대학교 조선. 한국 역사연구회 편저, 《조선. 한국 사 연구》 제10집, 연변대학교출판사, 2009.

2. 샤오정 편저, 《한국 광복 운동을 도운 중국 측 사료》, 1965년 12월, 비 매품.

3. 신해혁명이 일어난 1911년을 원년으로 하기 때문에 25년은 서기 1936년이다.

4. 푸더민(傅德岷), 〈항전 시기 김구와 중국 공산당의 교류〉, 《홍암춘추 (红岩春秋)》, 제4기에 수록, 2009.

5. 친위안(秦原), 〈한국 임시정부가 중국에서 보낸 세월〉, 《오래된 사진 (老照片)》 제35집에 수록, 2004.

7장

난징에서
김구의 생활 1

1932년 6월. 대한민국임시정부는 또다시 내홍이 일어났다. 김구는 어쩔 수 없이 임시정부에서 물러났다. 그 후 몇 년 동안 임시정부는 무기력한 상태에 처해 있었다. 하지만 김구는 임시정부에서 물러난 이후에도 의기소침해하지 않고 더욱 적극적으로 자신과 임시정부가 나갈 길을 찾기 위해 노력했다.

1932년 12월, 김구는 장제스와 만남을 이룬 뒤에 장제스와 국민정부의 전폭적인 지지를 받게 되었다. 그 후 김구는 활동 중심지를 난징으로 옮기기 시작했고, 난징에 한국특무대와 학생훈련소를 창건하면서 한국 독립운동은 점점 침체기에서 벗어나게 되었다. 김구 개인 또한 다시 임시정부로부터 인정을 받게 되었다.

1935년 10월 19일, 제28차 임시정부 의정원 정기 회의가 항저우에서 열렸다. 회의에서 일부 요인들이, 김구의 직무를 서둘러 회복시켜 임시정부의 업무를 새롭게 추진해야 한다고 제의했다. 같은 해 10월 말, 임시정부는 자싱에서 다시 한번 회의를 열어, 최종적으로 김구를 국무위원 겸 외무부장에 선출했다. 이렇게 김구는 임시정부의 핵심 지도층으로 다시 돌아왔다. 같은 해 11월, 김구가 전장에서 한국국민당을 창당했고, 임시정부 본부를 난징으로 이전했다. 1936년 2월, 임시정부의 주요 기관도 난징으로 이전했다. 1937년 11월, 임시정부가 난징에서 철수했다. 이렇게 난징에서 김구의 활동은 두 시기로 나눌 수 있다.

전기는 1932년 12월부터 1935년 11월까지로 이 시기에는 난징에 완전히 자리를 잡지는 않았지만 난징, 전장, 자싱과 항저우를 떠돌며 은밀하게 활동했다. 당시에도 일본은 여전히 김구의 종적을 탐문하고, 체포를 위해 사복 경찰을 풀어 삼엄한 경계를 하고 있었다.

1935년 9월 25일 발행한 〈신보〉에 '일본, 한국당 김구를 체포하기 위해 혈안이 되다'라는 제목으로 다음과 같은 기사를 썼다.

"한국혁명당 김구는 신출귀몰한 수단으로 여러 가지 활동을 하고 있다. 일본의 조사에 의하면 작년 홍커우공원 사건에서 김 씨가 바로 그 주모자이다. 사건이 일어난 이후 체포를 위해 노력했지만 2년이 지난 지금까지 잡지 못하고 있다. 현재 일본 측에 의하면 체포를 위해서 한층 더 삼엄하게 수색하고 있다고 한다. 김구파의 다수가 고려(한국)와 동북 지역에서 활동하고 있다. 이 도시 곳곳과 중국 내지 곳곳에 있는 친일파 한인 20여 명이 정보 제공에 도움을 주고 있는데, 목적은 김구를 생포하는 것이 아니라 기회가 된다면 즉시 편한 행동을 취해도 좋다고 한다. 하지만 사지로 몰아넣길 바랄 뿐 그렇게 될지는 모르겠다."[1]

후기는 1935년 11월부터 1937년 11월로, 이 시기에 김구는 난징에 완전히 자리를 잡았다. 비록 난징 곳곳을 떠돌며 살았지만 생활도 전기보다 안정적인 시기였다. 다만 전기에 비해서 활동이 은밀하게 이뤄져 관련 자료가 거의 없는 상황이다. 다음 내용은 김구의 후기 난징 생활 상황에 대해 기술하려 한다.

난징 곳곳을
떠도는 삶

김구의 난징 생활은 공과 사, 두 가지 면에서 살펴볼 수 있다.
먼저 공적인 부분으로 김구는 임시정부와 한국국민당의 관
련 업무를 처리해야 했다. 그 때문에 임시정부 요인과 한국
국민당 총본부인 란치제 8호 사이를 다녀야만 했고, 때때로
전장에 가서 임시정부의 활동에 참가해야 했다.
당시 전장에서의 김구 활동을 기록한 책에서 그 상황을 엿볼
수 있다.

"1937년 봄, 전장 항일 구국 선전연출대가 대한민국임시정
부 국무위원 김구를 무위안(穆源)소학교 강연에 초청했다.
대강당에서 열린 이 강연에 무위안소학교 이사장 양공야(杨
公崖) 등이 공연단 전체 구성원을 이끌고 참석했다. 여기에
일부 교사와 상업계 진보인사 400여 명이 참가해 대강당은
빈자리가 없어, 대강당 바깥도 서 있는 사람들로 가득했다.
강연이 끝나고 김구는 인력거를 타고 떠났다. 당시 무위안소
학교 5학년이었던 진강 지역 사학자 리즈중(李植中) 선생은
당시 김구의 모습을 기억하고 있다. 리즈중 선생의 기억 속

의 김구는 큰 키, 보통 체격에 회색 중산복(中山服)[2]을 입었고, 통역 없이 중국어로 강연을 했는데, 그 내용은 '조선, 망국의 참상'이었다고 했다.[3]

사적인 영역에서는 김구는 어머니와 두 아들을 돌보면서, 주아이바오와 가짜 부부 생활을 했다. 게다가 그들은 같이 살고 있지 않아서 김구는 항상 은밀하게 동분서주하며 떠도는 상황이었다.

1937년 전면적인 항일전쟁이 시작된 후, 김구와 임시정부 요인들은 난징 교외에 은밀하게 몸을 숨겼다. 그런데 언어 문제로 인해 표본추출 조사를 하는 조사원과 호구조사를 하는 지방관과 여러 차례 오해가 일어났다. 천궈푸는 이런 보고를 받은 후에 샤오정에게 서신을 보냈다(사진 41). 그 내용은 다음과 같다.

"김 선생의 안전 문제는 지금 있는 이 숙소의 현장에게 말했다. 이전에 조사원이 의심스럽다 하여 현장에게 보고했고, 내가 알게 되어 처리했다. 지금은 현장이 대신 집을 찾아주어서 살고 있고, 잘 지낸다 들었다. 만약 다른 곳으로 거처를 옮긴다면 장닝현(江寧縣) 현장에게 방법을 찾으라 하고 그의

의견에 따라 하길 바란다." [4]

이 편지 말미에 샤오징은 다음과 같이 설명을 달았다.

"당시 항일전쟁이 일어나 난징과 상하이 일대가 전운으로 감돌고 있었다. 김 선생 등 일부 동지들은 난징 교외 시골에 숨어 있었는데, 장닝현에서 호구조사 같은 일로 때때로 오해가 일어나고 있어 편지에 여차저차 쓴 것이다."

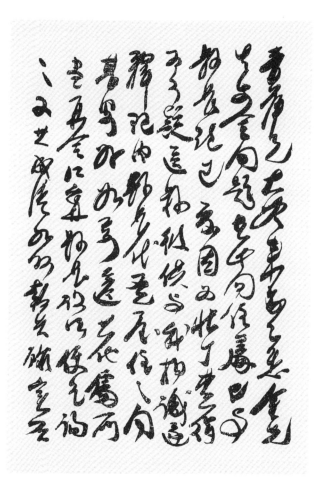

★ 사진 41 — 천궈푸가 샤오정에게 보낸 편지

그 후 샤오정은 천궈푸의 지시에 따라 김구 일행 전부를 중산먼(中山门) 밖의 지정대학으로 옮겼다.

김구 어머니의
난징 생활

김구의 어머니 곽낙원 여사는 1859년 황해도 해주에서 태어났다. 1922년 상하이로 왔다가, 1926년 김구의 아들 김신을 데리고 귀국했다. 1934년 곽낙원 여사는 최창한(崔昌翰)의 도움으로 평양을 거쳐 중국 다롄(大连), 웨이하이(威海), 상하이를 거쳐 자싱 르후이차오 17호 엄항섭이 사는 집에 도착했다. 1934년 1월 26일, 엄항섭이 김구에게 아래와 같은 내용으로 편지를 보냈다.

"선생의 모친께서 큰아들 인과 작은아들 신을 데리고 천신만고 끝에 우리 집에 도착했습니다. 어서 선생을 보길 바라고 계십니다."

당시 김구는 마침 난징에 살고 있어서 편지를 받자마자 바로 자싱으로 갔다. 이렇게 모자는 이별한 지 8년 만에 다시 만나게 되었다.

김구 연구 관련 여러 저작을 보면 김구와 어머니, 두 아들이 함께 찍은 사진(사진 42)은 전부 1934년에 촬영되었다고 설명을 달고 있다. 하지만 그 촬영 지점은 어디인지 설명이 없는데, 《백범일지》 중국어판에는 이 사진에 촬영 지점을 상하이라고 달았다.[5]

당시 김구는 자싱에 피해 있었기 때문에, 모자가 상봉한 다음에 어머니와 아들을 데리고 다시 상하이로 와서 사진을 찍는 것은 불가능하다. 따라서 이 사진은 상봉 후 얼마 지나지 않아 자싱에서 찍은 사진일 가능성이 크다.

★ 사진 42 — 김구와 어머니, 두 아들이 함께 찍은 사진 1

1934년 7월, 곽낙원 여사와 둘째 아들 김신이 자싱에서 난
징으로 돌아와 리우예제(柳叶街) 56호 노태연(盧泰然)의 집
에 머물다가, 얼마 후 빠바오호우제 23호로 옮겼다. 김구와
주아이바오는 친화이허(秦淮河) 부근에 따로 방 한 칸을 빌
려 함께 살았다.

★ 사진 43 —김구와 어머니, 두 아들이 함께 찍은 사진 2

1935년 9월, 롱즈산 덩광쓰로 옮겨갔던 학생훈련소가 다시 난징으로 돌아온 뒤 잠시 빠바오호우제 23호 김구 모친의 집에 자리잡았다.[6]

여기서 사진 43에 대해 간단한 고증이 필요하다. 이 사진은 수야오우(舒耀武), 수티(舒稊)가 쓴《김구의 어머니》라는 책의 표지로 사용되었다. 하지만 본문에는 이 사진의 촬영 장소와 시간에 대해서는 설명되어 있지 않았고, 이 사진을 수록한 다른 책이나 자료에도 역시 촬영 장소와 시간에 대한 설명이 없다. 사진 42와 사진 43을 비교해보면 사진 속 인물의 나이와 키의 변화가 크지 않음을 알 수 있다. 이는 두 사진의 촬영 시간이 비교적 가깝다는 의미이다. 입고 있는 옷을 보면 사진 42는 겨울에, 사진 43은 여름에 촬영되었음을 알 수 있다.

1934년 7월, 곽낙원 여사는 자싱에서 난징으로 와서 잠시 리우예제 56호에 머물렀다. 마침 여름이니 사진 43은 아마도 1934년 여름에 촬영한 것으로 보인다. 촬영 장소도 리우예제 56호일 것이다.

김구는《백범일지》에 이렇게 썼다.

"어머니께 난징으로 오시라 청하고, 다른 집을 얻어 살았는데 1년도 못 가서 난징이 위급해져서 창사로 옮겨야 했다."

여기서 말한 '다른 집'은 아마도 곽낙원 여사가 마지막으로 살았던 마루제(马路街)의 집일 것이다. 그리고 '1년도 못 가서'란 말로 곽낙원 여사가 1936년 11월 전후로 마루제로 이사 왔음을 설명한다. 2년이 넘는 시간 동안 곽낙원 여사는 난징에서 세 번이나 거처를 옮겼다.

김구는 《백범일지》에 일본의 난징 폭격 후에 그들 모자가 본 상황을 다음과 같이 기술했다.

……중일전쟁이 강남지역까지 덮쳤고, 상하이의 전황이 중국에 불리해지기 시작했다. 일본 비행기의 난징 폭격도 점점 더 심해졌다. 어느 날, 화이칭차오(淮淸橋) 집에서 일본의 비행기 공습으로 밤새 잠을 이루지 못하다가 경보 해제 후에 겨우 잠이 들었는데 잠결에 갑자기 기관포 소리가 들렸다. 자리에서 벌떡 일어나 방 밖으로 나서는데 벼락 치는 소리가 나면서 천장이 무너졌다. …… 다행히 나와 주아이바오는 무사했다. 밖으로 나오니 사람들이 흙먼지를 헤치며 나오고 있었고, 곳곳에 시체가 헤아릴 수 없이 많았다.

하늘을 보니 비행기가 비둘기 떼처럼 날고 있었고, 난징 곳곳에서 불길이 치솟아 밤하늘은 마치 붉은 담요 같았다. 날이 밝자마자 마루제에 있는 어머니 댁을 찾아갔다. 가는 길 여기저기 무너진 집과 다친 사람들, 죽은 시신들로 즐비했다. 어머니 집 문을 두드리자, 어머니께서 문을 열어주셨다.

"어머니, 놀라셨지요?"

어머니는 웃으면서 말씀하셨다.

"놀라기는 뭘 놀라? 그저 침대가 좀 들썩이는 것뿐이었다."

그리고 사람들이 많이 죽었는지 물으셨다. 내가 오는 길에 다치고 죽은 사람들을 봤던 이야기를 하자 어머니는 다시 물으셨다.

"우리 사람들은 다치지 않았느냐?"

"안 그래도 가볼 생각입니다."

나와서 바로 이청천의 집을 방문해보니 집이 흔들려 놀라기는 했지만 별일은 없었다. 란치제에 있는 학생들과 가족들도 아무 일 없으니 천만다행이었다.

이 내용은 김구가 어머니가 무사한지 확인한 후에 바로 란치제로 갔음을 설명해주고 있다. 그가 란치제로 간 이유는 당연히 그곳에 학생들이 무사한지 확인하기 위해서였고, 또한 그의 본부 대원의 상황을 살펴보기 위해서였다.

그 후 곽낙원 여사는 대한민국임시정부의 이전에 따라 한커우, 창사, 광저우, 리우저우, 충칭 등지로 옮겨가며 온갖 고생을 했다.

1939년 4월 26일, 곽낙원 여사가 충칭에서 세상을 떠나자, 장제스는 전보를 보내 심심한 위로를 전했다.[7]

푸청신춘 8호는
정말 김구의 거처였을까

푸청신춘(复城新村) 8호는 민국 시기에는 4호였다. 1950년 5월에 발행된 〈난징시 관리 부동산 수첩〉에 보면 다음과 같은 정보를 알 수 있다.

주소: 마루제(马路街) 푸청신춘(复城新村) 노(老) 4호
원 사용 단위 또는 원 거주인: 상하이시 경찰국장 원홍언(文鸿恩)
부동산권 및 권리자 성명과 직업: 원녠주(文念祖)
건축 양식 및 동 수: 서양식 건물 1동
칸 수: 9칸

현재 이 아파트의 문 입구에는 난징시 인민정부의 공문 팻말이 붙어 있는데, 그 내용은 다음과 같다.

난징시 중요 근·현대 건축   번호 : 2013061
                원 김구 거처
1930년대 지어진 벽돌과 나무로 지어진 2층 서양식 건물로,

대한민국임시정부 지도자 김구가 이곳에서 살았다. 김구,
호는 백범이며 한국의 저명한 독립운동가이다.

난징시 인민정부
2013년 10월

김구를 연구하는 논문과 저작은 아주 많지만, 아직 김구가
푸청신춘에 살았다는 내용을 언급한 논저는 보지 못했다. 난
징시 인민정부는 대체 무엇을 근거로 이런 내용의 공문 패를
내걸었을까? 지금까지도 명확하지 않다. 다만 설사 김구가
푸청신춘에서 살았다 해도 결코 8호일 리는 없다.
저명한 역사학자 구제강(顾颉剛)의 1937년 일기에 다음과 같
은 내용이 나온다.

"1월 16일 토요일(음력 12월 4일)
우더성(吳德生)이 차를 보내서 타고, 푸청신춘 4호 집에서 식
사를 하고, 이야기를 하다 8시 반에 돌아왔다."

푸청신춘 4호는 지금의 푸청신춘 8호다. 이 일기로 보면
1937년 1월에 푸청신춘 4호는 우더성의 집이었으니, 동시
에 김구의 집이었을 리가 없다.

김구의 어머니 곽낙원 여사는 1936년 11월 전후로 마루제로 이사 왔고, 푸청신춘은 바로 마루제에 있었다. 난징시 정부가 김구의 집이 푸청신춘에 있었다고 확정한 것은 어쩌면 김구 어머니의 거처를 김구의 거처로 착각했기 때문일 것이다. 이는 김구의 어머니도 푸청신춘에 살았던 적이 있음을 설명하고 있다. 김구는 난징에서 일본인의 체포를 피해서 계속 여기저기 떠돌며 살았으니 고정적인 거주지가 있었을 리 없다. 그 때문에 김구 어머니의 거주지를 김구의 거주지라 해서는 안 된다.

그렇다면 곽낙원 여사는 푸청신춘의 어느 집에 살았던 것일까?

푸청신춘 4호의 명의자는 원녠주. 5호(현재의 10호)의 명의자인 원궈링(文国陵)이었지만, 4호와 5호의 실제 사용자는 모두 원홍언이었다. 게다가 4호와 5호의 주 건축의 외관은 같았다(사진 44). 즉 두 건물은 서로 붙어 있는 자매 건물이다.

★ 사진 44 —현재의 푸청신춘 8호(위)와 10호(아래), 외관이 똑같다.

원홍언은 1922년부터 우테청을 따랐고, 그에게 깊은 신임을 받았다. 1932년 우테청이 상하이 시장직을 맡은 뒤, 원홍언을 상하이시 공안국 국장으로 천거했고, 1934년 11월 상하이에서 세상을 떠날 때까지 직무를 수행했다. 원홍언은 공안국 국장으로 2년 넘게 있었는데, 그 기간에 홍커우공원 폭탄 의거가 일어났다.

우테청은 장제스의 지시를 받은 뒤 적극적으로 김구를 보호했으며, 그 후에도 국민정부의 대한민국임시정부 지원 활동에 계속 참여했다. 따라서 곽낙원 여사가 푸청신춘에 살 수 있었던 타당한 추측은 다음과 같다.

원홍언이 세상을 떠나자 푸청신춘의 두 집을 우테청이 관리했다. 우테청이 그중 하나를 김구에게 빌려주었고, 김구는 그곳에 어머니를 살게 했을 것이다. 푸청신춘 8호(당시 4호)가 당시 우더성의 집이었다면, 아마 10호(당시 5호)를 김구에게 내주었을 것이다.

사진에서 보듯 이 두 집의 외관은 완전히 같기 때문에 나중에 검증할 때 착오가 생겨 8호를 김구의 거처로 인정한 것이 아닌가 한다.

1947년 3월 4일, 대한민국 주중국 대표단 단장 박찬익이 국민당 중앙비서장 우톄청에게 다음과 같은 내용으로 서신을 보냈다.

"……우리 대표단의 타이핑루(太平路) 329호 사무실과 원창차오(文昌橋) 15호 직원 숙소를 이전해야 해서 다른 곳을 임대해야 하는데, 수천만 위안이 있어야 해결할 수 있습니다.…… 우리 단체의 경비가 이미 다 고갈되어 처리해야 할 많은 일들을 하지 못할 뿐 아니라, 가장 기본적인 경비도 지불하지 못하고 있어 정말 난감합니다. 이에 청컨대 4,000만 위안을 빌려주시면 꾸려갈 수 있을 듯합니다.……"

그리고 얼마 후, 푸청신춘 10호로 대한민국 주중국 대표단이 옮겨왔다. 이를 통해 푸청신춘 10호는 우톄청이 대한민국 주중국 대표단을 위해 마련해준 거처로 판단된다. 이렇게 푸청신춘 10호는 1936년부터 1937년까지는 김구의 모친 곽낙원 여사가 살았고, 1947년부터 1949년까지는 대한민국 주중국 대표단이 살았다.

이 때문에 푸청신춘 8호는 김구의 거처가 아니고, 푸청신춘 10호에 한때 김구의 모친 곽낙원 여사가 살았다고 조심스레 결론을 내릴 수 있다.

1. 스위안화·장젠충 편저, 《한국 독립운동과 중국 관계 편년사(1919~1949)》.

2. 인민복이라고도 한다. 중국의 정치가 쑨원이 1911년 신해혁명에 성
공한 뒤 개혁 정책의 일환으로 일상에 편리하도록 고안한 근대 예복으로
쑨원의 호인 '중산'에서 이름을 따와 중산복이라 한다. 1929년에 중국국
민당에서 국가의 공식 예복으로 지정하였다. 중산복 상의에 달린 큼지막
한 주머니 네 개는 각각 예의염치(禮義廉恥)를 상징하며, 중앙에 달린 단
추 다섯 개는 쑨원이 서양의 삼권분립에 대응해 제시한 오권(행정권·입
법권·사법권·고시권·감찰권) 분립을 나타낸다. 양쪽 소매에는 단추가 세
개씩 달려 있는데, 이는 쑨원이 제창한 삼민주의(민족·민권·민생)와 공화
혁명의 이념인 평등·자유·박애를 나타낸다고 한다. 또 옷의 뒤쪽에 트임
이 없는 것은 국가의 평화 통일을 지향한다는 뜻이 담겨 있다.

3. 진강시 역사문화명성연구회 편저, 《민국장쑤성회진강연구(民国江苏
省会镇江研究)》, 강서대학출판사, 2010.

4. 샤오정 편저, 〈한국 광복 운동을 도운 중국 측 사료〉, 1965년 12월.

5. 《백범일지》 중국어판. 번역 쉬안더우(宣德五)·장밍후이(张明惠), 민
주와건설 출판사, 1994.

6. 무타오·차오쥔의 논문 〈1930년대 난징에서 이뤄진 한국 독립군의 군
사인재 양성 활동〉은 스위안화의 《한국 독립 운동연구》에 실려 있다.

7. 안수핑(安淑平)·왕창성(王长生), 《장제스의 언사, 추도문, 비밀 서
류》, 단결(团结)출판사, 2010.

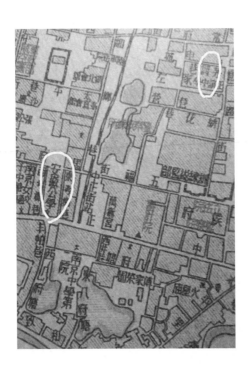

8장

난징에서
김구의 생활 2

천귀푸,
천리푸 공관과 푸청신춘 10호

천귀푸, 천리푸의 공관은 창푸제(常府街) 30호로 푸청신춘과
길 하나를 사이에 두고 있다. 사진 45는 지도 앱을 통해 둘
사이 위치를 살펴본 것이다.

지도를 보면 중국 농업은행 위쪽에 그린 동그라미 부분이 바
로 천귀푸, 천리푸의 공관이었다. 푸청신춘 10호에서 션자
강커우(申家巷口)−사진에서 왼쪽 하단 26号楼(26호 건물)의
동그라미 위치−까지 100미터 정도 된다. 이 션자강커우에

서 천궈푸, 천리푸 공관까지도 100미터 남짓이다. 그 당시 천궈푸, 천리푸 공관과 푸청신춘 사이에는 높은 건물들이 없었으니 시야 방해가 없었기 때문에 공관의 높은 층에서는 푸청신춘 한눈에 들어왔을 것이다.

곽낙원 여사가 살던 푸청신춘 10호는 천궈푸, 천리푸의 바로 눈앞이라 할 수 있다.

푸청신춘과 공관은 1935년에 지어졌다. 푸청신춘은 당시 건축 인테리어나 거주민 수준을 봐도 상당히 고급 주택 지역이었다. 당시 이곳에 국민정부의 입법위원, 국민당 간부와 군대 고관들이 살아 치안도 아주 좋았다. 곽낙원 여사를 이곳에 살게 한 것도 우체청의 세심한 배려였고, 덕분에 김구도 아마 마음이 놓였을 것이다.

★ 사진 45 ― 천궈푸, 천리푸 공관과 푸칭신춘 10호

김신은
안후이툰시중학교를 다녔을까

김구는 《백범일지》에서 1937년 난징이 일본에 폭격당한 뒤 국민정부 기관이 이전하기 시작했고, 대한민국임시정부도 물가가 저렴한 창사로 옮기기로 결정한 다음 안후이(安徽)툰시(屯溪)중학교에 다니고 있던 아들 김신을 불러, 어머니를 모시고 영국 배를 타고 한커우로 갔다고 서술했다. 이 내용을 보면 김신이 툰시중학교에 다닌 것이 논쟁의 여지가 없어 보이지만, 자세히 고증해보면 의문점이 많다.

김신이 안후이툰시중학교에서 공부를 했는지 정확하게 알려면, 우선 툰시중학교의 역사를 살펴봐야 한다. 툰시중학교는 1948년에 설립되었다. 처음에 사립인 싱즈(行知)중학교 등과 함께 연합해 세운 이 학교는 툰시중학교라 불리다가 1951년 안후이툰시중학교로 개명했다. 안후이성에 있는 중학교가 어떻게 난징에 있는 김신과 관계가 있을까? 우선 사립 싱즈중학교부터 이야기해야 한다.

싱즈중학교의 전신은 청나라 말기 설립된 난징의 상강공학(上江公学)으로, 신해혁명이 일어난 후 쑨원이 난징 임시정부를 설립한 1912년에 문을 닫았다. 그러다 1923년 가을,

안후이 동향회가 난징에 상강공학 문을 다시 열고, 이름을 난징안후이공학으로 바꾸었다. 1928년 4월 이름을 안후이 중학교로 바꾸었고 1937년 난징 상황이 악화하자 학교는 안후이 툰시 바이샨(柏山)으로 옮겨 몇 년 운영하다가 전쟁이 끝나고 다시 난징으로 옮겨왔다. 하지만 툰시에 시설이 그대로 남아 있어 그 시설도 분교로 이용하다가 1949년 이후 이름을 사립 싱즈중학교로 바꾸었고, 1950년 툰시중학교와 합병했다. 1951년 난징 문교국은 안후이중학교와 6중학교를 합병해 난징 제6중학교를 설립했다.

이로써 알 수 있듯이 김구가 말한 안후이툰시중학교는 사실 난징에 있는 안후이중학교를 말한 것이다. 김신이 난징에 온 1934년에는 안후이툰시중학교라는 이름의 학교는 아직 없었는데, 어떻게 없는 학교에서 공부를 했겠는가? 그때는 난징안후이중학교밖에 없었다. 또 당시 김신은 겨우 열두살에 불과했다. 그 어린 아이를 외국에서 가족과 멀리 떨어진 곳에 혼자 공부하도록 보낼 수 있었을까? 결코 합리적이지 않다. 그렇다면 당시 김신은 어디서 공부를 했을까?

김신은 〈중국을 두루 다니며 평생을 말하다〉라는 글에서 이렇게 썼다.

"……후에 나는 난징에서 소학교를 다시 다니게 되었는데, 일제를 피하고자 어쩔 수 없이 '관신(关信)'이란 가명을 써야 했다."[1]

여기서 김신이 말한 소학교는 어디일까?

〈10년 이래 난징안후이중학교〉 기록에 의하면 이 학교가 실험소학교를 운영했다고 한다. 김신은 아마 이 학교를 다녔을 것이다. 안후이중학교는 당시 중정제(中正街)-지금의 바이허루(白下路)-에 있었는데, 곽낙원 여사가 살던 푸청신춘과 아주 가까웠다. 구체적인 위치는 사진 46을 참고하면 된다. 1928년 안후이공학은 안후이중학교로 이름을 바꿨지만, 지도상에서는 여전히 안후이공학이었다. 당시 바로 바꾸지 못한 원인 외에도, 학교 이름은 바뀌었어도 주소는 그대로라 이름과 역사의 연속성을 유지하기 위해 바로 수정하지 않았을 것이다. 안후이중학교는 푸청신춘과 아주 가까워 등교하기 편하기에 안후이중학교의 실험소학교를 선택했을 것이다.

김신은 앞의 글 〈중국을 두루 다니며 평생을 말하다〉에서 일본이 난징을 폭격했을 당시의 상황도 기술했다.

"1937년 가을, 일본군의 전투기가 난징을 폭격하기 시작했다. 어느 날, 난징성 동쪽에서 일본군 전투기가 하늘을 선회하는 것을 보았는데, 전투기에 그려진 고약기(膏藥旗)[2]도 분명하게 보일 정도였다. 그러나 눈 깜짝할 사이에 전투기에서 검은 점이 몇 개 떨어지더니 날카로운 굉음을 내며 도시의 고요함을 찢더니 거대한 폭발음 소리와 함께 천지가 흔들렸고, 곧이어 불길과 연기가 솟구쳤다.…… 나는 이렇게 일본군의 폭탄이 중국인의 머리 위로 떨어지는 것을 직접 목격했다. 너무 갑작스러운 일이라 미처 막아내지도 못했다. 당시거리에 있던 군경과 헌병들이 각종 총을 들고 비행기를 향해 쏘았지만 아무 소용이 없었다."

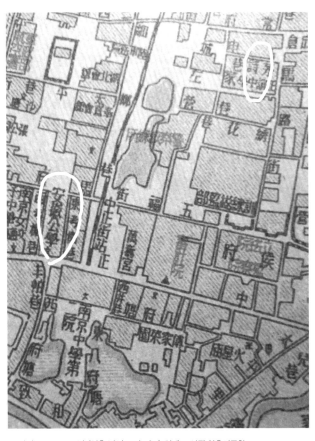

★ 사진 46 — 1933년 〈신측 난징 도시 지도〉 상에 표시된 안후이공학

이 서술 역시도 김신이 당시 안후이 툰시가 아니라 난징에 있었음을 증명한다. 그렇다면 당시 김신은 여전히 실험소학교에 다니고 있었을까? 당시 나이로 보면 김신은 조선에서 이미 소학교를 마쳤을 것이다. 그런데 앞에서 '난징에서 소학교를 다시 다니게 되었다'고 했다. 아마 여기저기 떠돌아다니느라 제대로 학업을 하지 못했고, 또 중국어라는 언어 문제를 고려했을 것이라 본다. 1934년부터 1937년까지 3년의 시간이 흘렀으니 김신은 중학교에 들어갔을 테고, 그대로 이어서 안후이중학교에서 계속 공부한 것이 자연스러운 일이다.

1937년 10월 10일, 난징 안후이중학교가 안후이 툰시로 이전했다.

1937년 11월 20일, 대한민국임시정부 요인들이 난징에서 떠났다.

같은 11월 김구는 어머니와 김신을 데리고 난징을 떠났다.

김구의 《백범일지》에 의하면, 김구는 안후이툰시중학교에서 공부하고 있는 김신을 불렀다고 했다. 그렇다면 김신은 1937년 10월 10일 전후로 해서 툰시의 안후이중학교로 갔다가 한 달 뒤에 김구의 부름을 받고 돌아와야 했다. 이 내용은 김신이 툰시의 안후이중학교에 한 달 넘게 있었다는 말이다. 아마도 툰시의 안후이중학교란 말을 당시 습관적으로 안후이툰시중학교라 했을 것이다. 이 때문에 김구의 기억 속에 김신이 안후이툰시중학교에서 공부를 했다는 것으로 남아 있는 것이다.

또 한편으로는 '안후이 툰시중학교에서 공부하던 아들 신을 불렀다'라는 말로 김신이 난징 안후이중학교에서 공부한 사실을 은폐한 것이 아닐까 한다. 앞에서 김신이 가명을 썼다는 말을 한 것을 보면 그럴 가능성도 있다.

난징을 떠난 후 김신은 김구를 따라 창사, 광저우, 리우저우 등지를 떠돌다 1940년에 충칭에 도착했다. 그 후 김신은 충칭 중앙대학교 부속중학교에서 공부를 했다. 1943년 고등학교 졸업 후 시난롄허대학교(西南联合大学) 법학과에 입학했다. 그 후 한국으로 돌아와 공군 참모총장, 교통부 장관을 역임한 후 2016년에 세상을 떠났다.

화이칭차오 근처에
살았던 이유

화이칭차오 근처에 살았던 이유는 주요하게 두 가지로 볼 수 있다.

첫째. 화이칭차오 근처는 그의 어머니, 아들과 그의 비밀 활동 본부와 가까워서 연락에 편리하고 서로 돕고 협력할 수 있기 때문이다.

사진 47에서 원으로 표시한 곳은 전부 한국인이 활동하던 곳이다. 그중 따중차오(大中橋) 동쪽의 빠바오제(八宝街) 23호와 마루제 서쪽의 푸청신춘은 김구 어머니의 거처이고, 동관터우 32호는 학생훈련소 소재지, 안후이중학교는 김신이 다니던 학교이다. 이곳 주변에는 또 대한민국임시정부의 다른 인사들이 살고 있어 합치면 '한국 임시 거주 지역'이 형성되었다.

두 번째. 화이칭차오의 지리적 위치는 자싱 메이완제 76호와 비슷하다. 이 때문에 김구와 주아이바오는 이곳에서도 자싱과 같은 생활방식을 유지할 수 있었다.

사진 48의 자싱 메이완제 76호와 난징 화이칭차오의 지리적 환경을 보면 알 수 있듯이 이 두 곳은 수륙 교통이 대단히 편리하다. 배 안이나 뭍에서 활동할 수 있고, 숨거나 도망치는 데 아주 용이한 환경이었다.

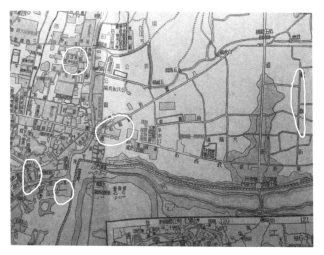

★ 사진 47 — 〈난징도시 지도〉 1935년 상무인서관(商务印书馆) 초판

자싱의 생활방식이라 함은 주아이바오와 동거를 하며, 배 안과 땅 위를 오가며 생활하는 것을 말한다. 김구는 자싱에서의 생활방식에 대해《백범일지》에 이렇게 서술했다.

"……자주 배에서 생활했다. 오늘은 남문 밖의 물가에서 자고, 내일은 북문 밖의 운하가에서 자고, 낮에는 뭍에 올라 활동했다.……"

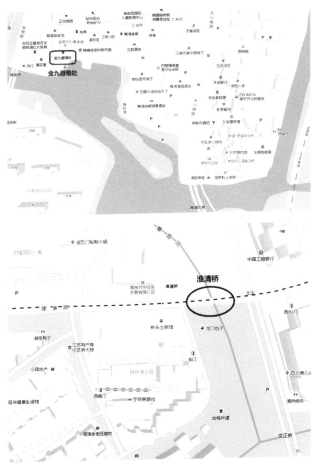

★ 사진 48 —자싱 메이완제 76호(위)와 난징 화이칭차오(아래)의 지리적 환경

난징에서는 배에서 자지는 않았지만 주아이바오의 배는 분명 대체할 수 없는 역할을 했을 것이다. 《백범일지》에 이렇게 썼다.

"……나는 어쩔 수 없이 화이칭차오 근처에 방을 하나 구해야 했다. 매월 자싱에서 배를 움직이는 주아이바오의 집에 15위안을 보내고, 그녀를 불러 함께 살자고 했다. 나는 광둥성에서 온 골동품상이라 했다. 간혹 경찰이 와서 호구조사를 할 때면 나는 나가지 않고 주아이바오가 나서서 모든 것을 설명했다."

위의 두 가지 이유로 김구는 난징에서도 여전히 떠돌며 살았지만 그래도 화이칭차오에 상대적으로 안정적인 거처를 마련했다. 그러다 1937년 일본의 난징 폭격으로 집이 무너지자 어쩔 수 없이 화이칭차오의 생활은 끝이 났다.

1. 충칭 중앙대학교 부속중학교 동문 김신 회고문, 〈중국을 두루 다니며 평생을 말하다(走遍中国说平生)〉, 동문회보 《종산풍우(钟山风雨)》, 2002년 제2기.
2. 중국 민간에서 일장기를 폄하해서 하는 말. 하얀 네모 바탕에 검정 고약이 동그랗게 발린 중국의 유명 고약 제품 포장 모습과 비슷해서 고약기라 부른다.

9장

황급히
난징을 떠나다

김구의 집은
언제 폭격당했나

김구는 《백범일지》에 난징 폭격에 관해 자세히 기록했다.

"……중일전쟁이 강남지역까지 덮쳤고, 상하이의 전황이 중국에 불리해지기 시작했다. 일본 비행기의 난징 폭격도 점점 더 심해졌다. 어느 날, 화이칭차오 집에서 일본의 비행기 공습으로 밤새 잠을 이루지 못하다가 경보 해제 후에 겨우 잠이 들었는데 잠결에 갑자기 기관포 소리가 들렸다. 자리에서

벌떡 일어나 방 밖으로 나서는데 벼락 치는 소리가 나면서
천장이 무너졌다.……"

김구는 폭격이 일어난 날짜는 쓰지 않았지만, 이날은 아주
중요하다. 이 폭격 후 김구가 난징을 떠나면서 일어난 모든
일들의 시작이 바로 이날이었다. 이날이 좌표이기 때문에 이
날짜를 확정하지 못하면 이후 일어난 일들도 두서를 잡기 힘
들다.
이 날짜를 정확히 확정하기 위해서 우선 천궈푸가 샤오정에
게 보낸 편지부터 이야기하련다.

천궈푸가 샤오정에게 보낸
편지를 쓴 날짜

천궈푸가 샤오정에게 보낸 편지에 관한 내용은 《한국 독립
운동과 중국 관계 편년사(1919-1949)》의 '1937년' 부분에
두 번 기재되어 있다. 이 두 내용은 추헌수 교수의 《한국 독
립운동 1》에 실린 내용을 인용해 실었다.

1. 1937년 7월 25일, 중국국민당 조직부장 천궈푸가 국민당 한국 연락책 샤오정에게 편지를 보내, 전쟁 시기에 김구의 안전 문제를 주의해 살펴보라 했다. 그 내용은 다음과 같다.

"김 선생의 안전 문제는 지금 있는 이 숙소의 현장에게 말했다. 이전에 조사원이 의심스럽다 하여 현장에게 보고했고, 내가 알게 되어 처리했다. 지금은 현장이 대신 집을 찾아주어서 살고 있고, 잘 지낸다 들었다. 만약 다른 곳으로 거처를 옮긴다면 장닝현 현장에게 방법을 찾으라 하고 그의 의견에 따라 하길 바란다.…… 또 그 성과는 어떤지, 보고가 확실한지 내가 들은 바가 없다. 이후 자금 수령 문제는 자네가 난징으로 돌아오면 다시 말하자. 적기가 오늘 난징을 여섯 차례 폭격을 했고, 그 폭격으로 파괴된 기관이 아주 많다고 들었는데 손실 상황이 어떤지 아직 알지 못하고 있다. 내가 일이 많고, 장 총통이 수시로 전화로 여러 가지 사무를 당부하고 있어 요즘 난징으로는 거의 가지 못하고 있다."

2. 1937년 8월 25일, 천궈푸가 샤오정에게 편지를 보내 김구 등 임시정부 요인들의 안전한 거처를 확보하라 당부했다. 이에 샤오정은 김구 일행 전부를 난징 중산면 밖의 지정대학

안에 머물 수 있도록 조치했다.

이 두 번의 기록을 보면 천궈푸는 이 당시에 샤오정에게 두 차례 편지를 보낸 것으로 보이지만 사실은 한 번이다. 1937년 7월 25일 편지는 샤오정이 〈한국 광복 운동에 협조한 중국 사료〉에 실었다(사진 49 참고). 이 편지 말미에 샤오정은 설명을 달았다.

"오른쪽 편지는 26년[1] 7월 25일 전장에서 보낸 것이다. …… 나는 이때 정치학교 지정대학을 루산(廬山)으로 이전하는 문제로 난징과 장시성을 계속 오가고 있었다. 천 선생의 이 편지를 받고 나는 난징으로 돌아와서 바로 김 선생 일행을 중산먼 밖 지정대학 안으로 옮겼다."

위의 내용으로 알 수 있듯이 이 두 내용은 사실 한 편지의 내용이다. 이렇다면 1937년 7월 25일이라는 날짜가 맞고, 8월 25일이 틀린 것으로 보이지만 사실은 두 날짜 모두 틀렸다. 저 편지에 여섯 차례 폭격이 있었다고 했는데, 그 옆에 샤오정이 '오전에 한 번, 오후에 다섯 번'이라고 주를 달았다(사진 49 참고).

★ 사진 49 — 천궈푸가 샤오정에게 보낸 편지

1937년 7월 25일 〈신보〉를 살펴보니, 그때는 일본군이 아직 난징을 폭격하지 않았다. 그리고 9월 26일에 '적군이 어제 난징을 다섯 차례 폭격했다'라는 제목으로 폭격 보도가 실렸다(사진 50 참고).

이 보도에서 1937년 9월 25일 일본군이 난징을 다섯 차례 폭격했다고 했는데, 이 내용이 천궈푸가 말한 여섯 번 폭격과 가장 근접하다. 따라서 천궈푸가 샤오정에게 편지를 쓴 날은 1937년 9월 25일이 가장 타당하다. 샤오정의 설명은 기억의 오류라고 본다.

이로써 김구의 화이칭차오 집이 폭격당한 날은 1937년 9월 25일일 것이다.

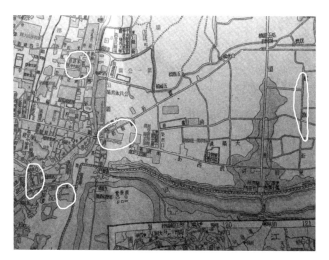

★ 사진 50 ─ 적기가 난징을 다섯 차례 폭격하다.

난징을 떠나기 전의 활동

1937년 8월 17일, 김구는 난징에서 한국국민당이 포함되는 다당파가 참가하는 한국 광복운동단체 연합회를 설립했다. 김구가 초안을 잡은 〈중일전쟁 선언〉을 선포하며, 한국 국민도 모여 중국 항전에 참여해야 한다고 했다.

1937년 9월 25일 김구의 화이칭차오 집이 일본군의 폭격으로 파손되었다.

1937년 11월 2일, 김구가 한 찻집에서 약산 김원봉을 만났다. 김원봉은 그날 일을 일기에 이렇게 기록했다.

"나는 난징을 떠나기 전에 백범 선생과 만나 이야기를 나누기로 결정했다. 그분은 우리 독립운동의 선배이며, 임시정부의 지도자이다. 그날 오후 나는 그분이 있는 곳으로 갔고, 우리는 작은 찻집에서 만났다."

김원봉은 11월 4일 난징을 떠났다.

11월, 샤오정과 김구는 난징이 점령된 이후 대한민국임시정부는 어디로 갈지에 관해 논의했다. 김구는 중국 군대와 함께 난징을 떠나기로 동의했다. 임시정부의 총본부와 무선통신대는 중국 국민정부 기관과 함께 창사로 이전했다.

당시의 상황에 대해 샤오정은 다음과 같이 회고했다.

"……임시정부 요인들이 나눠서 저장성과 장쑤성 시골에 숨어 있다 보니 현지 호구조사를 피하기도 어렵고 경찰들의 눈과 귀도 있으니 혹시 정보가 새나가 일본이 알까 몹시 걱정

218

스러웠다. 지정대학 직원 숙소로 옮겼는데, 그때 내 사람이 그곳의 주임으로 있어서 책임지고 돌봐주어 안심했다. 26년 일본과 항전이 시작되자 김 선생이 건사하는 총본부와 무선 통신대 등도 모두 지정대학 숙소로 이전했다.……"[2]

위의 내용은 김구와 그의 총본부가 일본군이 난징을 폭격한 후에 지정대학으로 이전했음을 설명하고 있다.

11월 20일, 국민정부가 〈항전을 계속하기 위한 충칭 이전 선 언〉을 발표했다. 같은 날, 대한민국임시정부 요인과 그 가족 들 100여 명이 목선 두 척에 나눠 타고 난징을 떠났고, 11월 24일 웨양(岳阳)에 도착했다.
김구는 임시정부 요인과 가솔 모두가 난징을 떠나고 나서 어머니, 아들과 함께 영국 선박에 올라 난징을 떠났다. 12월 초 김구 가족이 한커우에 도착했다.

영국 선박에 올라
난징을 떠나다

김구는 《백범일지》에 아들 김신과 함께 어머니를 모시고 영국 선박을 타고 한커우에 도착했다고 기술했지만, 난징을 떠난 시간과 어떤 영국 선박을 탔는지는 기록되지 않았다.

다음은 그가 난징을 떠난 시간을 고증해보려 한다.

《김구의 어머니》에 기재된 내용에 의하면, 임시정부 요인들과 그 가족들이 난징을 떠나고 난 뒤에 김구 일가가 영국 선박을 탔다고 되어 있다. 이는 김구와 임시정부 요인들이 헤어진 시간이 아주 가깝다는 것을 설명한다. 《김구의 어머니》에는 또 이런 내용도 있다.

"대한민국임시정부 요인들이 탄 목선과 영국 선박은 무선통신 연락이 가능했다…… 김구 어머니가 임시정부 요인들과 함께 목선을 타고 떠난 중국 인부 차이 씨가 우후(芜湖)에 빠져 익사했다는 소식을 듣고 김구에게 전해주었다."

우후는 난징에서 물길로 하루 정도 거리에 있다. 목선과 영국 선박 사이에 계속 무선통신 연락이 가능했다면 김구는 11

월 21일 난징을 떠난 것으로 설명된다. 그런데 김구는 12월 초에 한커우에 도착했다. 배를 타고 난징에서 한커우까지는 사흘이 걸리니 11월 21일에 난징에서 배를 탔다는 것은 말이 안 된다. 이는 임시정부 요인들을 보낸 뒤에 김구는 바로 떠나지 않고 한동안 난징에 머물렀음을 설명한다.

그렇다면 김구는 언제 난징을 떠났을까? 이를 위해 그가 탄 영국 선박의 출항 일정을 살펴보았다.

1937년 10월 18일 〈입보(立报)〉에 다음과 같은 단신이 실렸다.

"영국의 두 선박회사 이허(怡和, Jardine Matheson)양행과 타이구(太古, Swire Pacific)양행이 난징−한커우 구간 선박 운행을 회복해 룽허(隆和), 황푸(黄埔) 두 선박을 오늘부터 정상 운행하기로 했다."

敵機昨五次襲京
先後計有九十六架
投彈在二百枚以上
經我空軍擊落五架
中央通信社中央廣播電台被炸毀

★ 사진 51 ― 〈입보〉 단신

1937년 10월 하순, 〈중앙통신사고〉는 다음과 같이 보도했다.

"난징에서 17일 보내온 전신에 따르면 영국의 이허, 타이구 두 선박회사가 상하이에서 전쟁이 일어난 후 바로 운항을 중지하다가 근래 들어 물자의 유통과 여행객을 위해 우선 난징과 한커우 노선을 회복하기로 했다. 이허 선박회사의 롱허, 타이구 선박회사의 황푸 두 선박이 18일부터 난징에서 출항

한다."

이 기사는 1937년 8·13사변이 일어난 후로 영국 선박의 운
항이 정지됐다가 10월 18일에 재개되었음을 말해주고 있다.
그리고 그 후 다른 영국 선박회사가 운행을 재개했다는 보도
가 없었으니 김구가 탄 영국 선박은 '롱허'나 '황푸' 둘 중에
하나라고 판단된다. 그렇다면 둘 중에 어느 것일까?
진링대학(金陵大学)병원 의사 로버트 윌슨(Robert. O. Wilson)
이 1937년 12월 2일 일기에 당시 난징을 떠난 마지막 배 황
푸호의 승객 상황에 대해 이렇게 기록했다.

"타이구양행의 마지막 배 황푸호가 오늘 밤에 난징에서 출항
했다. 그래서 나와 크로드 톰슨이 함께 항구로 배웅을 나갔
다. 이 배는 지난 며칠 동안 고궁박물관의 보물들을 실었다.
얼시 프리스터와 진링여자대학 문리학원 원장 우이팡(吳貽
芳) 박사, 진링대학교 교장 천위광(陈裕光) 박사와 우리와 함
께 일했던 중국인 의사 2명과 2명의 간호사가 함께 이 배에
탔다. 딕은 구링(牯岭)에서 유일한 외과의사가 되었고, 나는
난징에서 유일한 외과의사가 되었다. 트리머도 아직 이곳에
남아 있다."

당시 황푸호는 고궁의 물건을 싣느라 그날 밤에도 출항하지 못하고, 다음날인 12월 3일에야 난징을 떠났다. 당시 난징의 진링여자대학교에서 일하면서 난징대학살 기간에 난징 시민을 도왔던 민니 보트린(Minnie Vautrin)이 쓴 《보트린 일기》 12월 3일자 일기에서 이 내용을 확인할 수 있다.

"우 박사가 탄 배가 오늘 이른 아침에 출발했다. 천 박사도 같은 배로 떠났다.…… 우 박사가 난징을 떠날 때 분명 아주 마음이 무거웠을 것이라 생각한다."

여기서 언급한 우 박사는 우이팡이고, 천 박사는 천위광이다.

이런 상황을 헤아려봤을 때, 김구가 난징을 떠난 시간은 11월 21일에서 12월 3일 사이라 볼 수 있다. 이 12일의 기간 동안 일반적 상황으로 본다면, 롱허호와 황푸호 두 배가 각각 두 번 출항을 했다. 따라서 김구가 난징을 떠날 수 있었던 시간은 배가 출발한 날짜가 정확히 확인된 12월 3일 외에 세 번은 더 있었을 것이다. 하지만 지금까지 남은 자료에는 김구가 언제 정확히 난징을 떠났는지 확인해줄 자료가 없다. 그러니 김구가 12월 3일에 떠났을 가능성 유무를 확인해볼 수밖에 없다.

《김구의 어머니》에 이런 내용이 서술되어 있다.

"곽낙원 여사가 배에 오르자, 같은 배의 관원들이 그녀가 김구의 어머니임을 알고 고개를 숙여 인사를 하고 예의를 갖춰 양보했다."

당시 황푸호는 난징을 떠나는 마지막 배로 피난을 하는 배였다. 그런데 같은 배의 관원들이 그녀가 김구의 모친임을 알아보고 예를 갖춰 양보했다고? 타당성이 떨어진다.

만약 이 기술이 사실이라면 두 가지 상황이었을 것이다.

하나는 김구가 샤오정의 배려로 국민당 관원들과 동행한 경우이다. 이 경우라면 곽낙원 여사를 알아보고 저런 행동이 가능하다. 또 하나는 김구가 우이팡, 천위광 등과 함께 배를 타고 떠난 경우로, 이렇다면 선원들이 예의를 갖춰 양보한 대상은 아마도 우이팡 일행이었을 것이다.

그 때문에 12월 초에 한커우에 도착했다는 기록과 위의 상황을 봤을 때 김구 일행이 12월 3일에 떠났을 가능성이 있다.

★ 사진 52 ― 타이구양행의 선박 황푸호

황푸호는 1920년 건조된 3,204톤의 선박이다. 1941년 영국 황실 해군에 징발되어 싱가포르에서 잠수함 공급선으로 활용되었고, 1943년 호주 해군에서 유동 수리선으로 활용되었다. 1949년에 반환되었고, 1949년 11월 해체되었다.

중국인 잡역부의 익사

김구는 《백범일지》에 중국인 잡역부 차이 씨에 대해 이렇게 서술했다.

"란치제 사무실에 고용되어 물을 긷던 잡역부 중국인 차이 씨는 충직하고 온화했다. 어머니의 뜻에 따라 난징을 떠나는 임시정부 요인들 대오와 동행하도록 했다. 그런데 배가 우후를 지날 때, 풍랑이 심하게 일어 그만 실족해 호수에 빠져 익사했다. 나는 그 소식을 듣고 정말 마음이 아팠다."

《김구의 어머니》에 따르면, 이 잡역부의 이름은 차이싱성(蔡興生)이고 그가 죽었다는 소식을 들은 김구는 슬퍼하며 오랜 즐거움이었던 담배를 끊는 금연을 선언했다고 한다.

당시 중국인 잡역부가 한국인에게 맞아 죽었다는 소문이 돌았는데, 곽낙원 여사가 창사에 도착해서 김의한에게 차이 씨가 물에 빠져 죽은 전 과정을 듣고서야 그게 헛소문이었음을 알았다.

주아이바오와 헤어지다

김구는 《백범일지》에 난징을 떠나기 전에 주아이바오와 헤어지는 상황에 대해 이렇게 서술했다.

"난징을 떠날 때, 나는 주아이바오에게 자싱 집으로 돌아가라고 했다. 정말 후회되는 것은 그때 그녀에게 여비로 100위안밖에 주지 못한 일이다. 그녀는 나를 광둥 사람으로 알고 거의 5년 동안 나를 돌봐주었고, 그 세월 동안 저도 모르게 부부 같은 감정이 생겼다. 나를 돌봐주고 도와준 공이 정말로 컸다. 당시에는 분명 다시 만날 수 있을 거라 생각해서 차비 외에는 충분한 돈을 주지 못했는데, 그게 지금까지도 안타까움으로 남아 있다."

★ 사진 53 — 중년의 주아이바오

김구는 주아이바오에게 부부 같은 감정이 생겼다고 했는데, 김구의 친구 유자명의 눈에도 그 둘은 아주 사이좋은 부부였다.

"……백범 선생과 중국 여성 주아이바오는 함께 살았다.……. 내가 매번 백범 선생의 집에 갈 때마다 두 사람의 모습은 아주 친밀해 보였다. 정말 사이좋은 부부였다. 게다가 백범 선생은 주아이바오와 함께 살면서부터 정신적으로 그 어느 때보다 안정되고 편안해 보였다.…… 백범 선생은 충칭에서 자주 주아이바오를 입에 올리며 그리워했다."

주아이바오가 김구를 떠난 이후의 상황은 펑차오(冯乔)가 쓴 《절경봉생(绝境逢生)-한국의 국부 김구를 구한 중국 민간인들의 이야기》[3]에 다음과 같이 서술되어 있다.

"……주아이바오는 난징에서 자싱으로 돌아와서 더 이상 배를 몰지 않았다. 남은 돈으로 남문 강가에 '명월(明月)'이라는 작은 찻집을 열었다. 나중에 위진셩(郁金生)이라는 요리사와 결혼하고 이름을 주구이바오(朱桂宝)로 바꾸었다. 동네 이웃 중에 쑨아이바오(孙爱宝)라는 여자가 있었는데, 그 이름을 들은 주구이바오는 거주위원회 주임에게 자신의 원래 이름이 아이바오라고 했다.……"

자칭 향토사학자 판샤오워(范笑我)가 《소아판서(笑我販书)》[4]에 쓴 이야기는 좀 더 극적이고 비극적이다.

"……한국 국부 김구를 도왔던 뱃사공 주아이바오를 찾았다. 하지만 그녀는 80년대에 이미 목을 매 자살했다.…… 주아이바오는 어려서부터 배 주인이 사서 부린 뱃사공으로 언제 태어났는지 모른다. 그녀는 1932년부터 1937년까지 김구와 함께했고, 그 뒤 김구가 준 100위안으로 어머니 생계를 위해 남문에 작은 찻집을 열었고, 그 뒤에도 계속 배를 저었다. 오랜 시간이 흘러 결혼을 했지만 후사는 없었고, 남편도 일찍 죽었다. 그 뒤 동자쩐(东栅镇)으로 와서 이름을 주구이바오로 개명하고, 생활보호대상자로 수도 관리를 하며 살았다."

이게 사실이라면, 이런 결말은 당시 황망하게 난징을 떠났던 김구는 전혀 예상치 못했을 것이다.

1. 민국시대는 1911년 신해혁명을 원년으로 한다. 그 때문에 26년은 1937년이다. 타이완은 현재도 이 연도법을 사용한다.
2. 샤오정, 〈한국 광복운동의 한 조각—천궈푸 선생의 별세 2주기를 기념하며〉, 중앙일보, 1953년 8월 25일에 실린 내용은 《한국 광복운동에 협조한 중국 사료》에 인용되었다.
3. 《당안춘추(档案春秋)》, 2015년 제8기.
4. 장수문예(江苏文艺) 출판사, 2002.

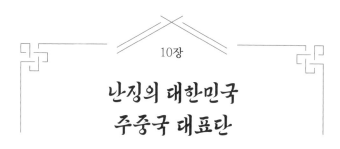

10장

난징의 대한민국
주중국 대표단

1945년 11월 1일, 대한민국임시정부 주중국 대표단이 설립
되었다. 이 단체는 임시정부 요인들이 귀국한 후에 남은 한
인들을 안정시키고 기타 업무를 처리하고, 국민정부와 연락
을 책임지기 위해 만든 단체이다. 단장은 박찬익, 부단장은
민필호가 맡았다.

이에 김구는 국민당 상하이 정부와 장쑤성 상하이 경비사령
부에 각각 서신을 보내 주중국 대표단의 설립을 알렸다.

11월 5일, 김구는 충칭에서 상하이로 가서 23일 상하이에서
한국으로 귀국했다.

1946년 3월 31, 대한민국임시정부 주중국 대표단 단장 박찬

익이 국민당 중앙비서실에 서신을 보내, 대표단이 국민정부와 함께 난징으로 돌아간다고 했다.

1947년 1월, 대한민국임시정부 주중국 대표단이 국민당 중앙비서실에 서신을 보내, 1947년 1월 1일부터 명칭을 '대한민국 주중국 대표단'으로 바뀐다고 알렸다.

1948년 10월 11일, 대한민국 주중국 대표단 대리단장 민필호가 우테청에게 서신을 보내, 대한민국 주중국 대표단의 업무를 마치고 앞으로의 일과 보호를 위해 '중한문화복무사(中韓文化服務社)'를 설립할 것을 제안했다. 이 단체는 중국과 한국의 서적과 신문을 편역 출판하면서 동시에 일을 하는 데 위장과 보호 역할을 한다고 설명했다.

1948년 11월, 난징시 정부는 대한민국 주중국 대표단의 제안을 받아들여 '중한문화복무사'를 설립하고, 법에 따라 사업자 등록신청을 하라고 요청했다. 그런데 11월에 대한민국 주중국 대표단 대리단장 민필호가 중국에서의 활동을 마치고 난징을 떠나게 되었다. 그 때문에 '중한문화복무사'는 등록신청을 하지 못했고 결국 성립되지 못했다.

대한민국임시정부 주중국 대표단의 역사에 관해서는《대한민국임시정부 주중국 대표단 연구》에 자세히 서술되어 있다. 여기서는 대한민국 주중국 대표단이 난징에 머물렀던 2

년 넘는 시간 동안의 몇 가지 일에 관해서만 짧게 서술하려
한다.

푸청신춘 5호

1947년 3월 4일, 박찬익이 국민당 중앙비서처장 우테청에
게 서신을 보내, 대표단의 타이핑루 329호와 원창차오 15호
의 직원 숙소를 이전해야 해서 다른 집을 얻어야 하니 경제
적 지원을 바란다고 했다.

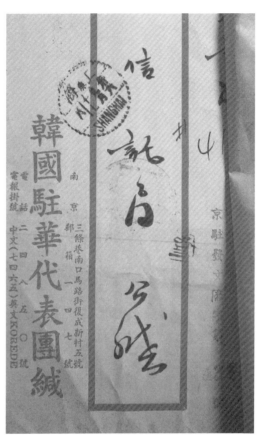

★ 사진 54 — 박찬익이 우톄청에게 보낸 편지봉투

1947년 9월 13일, 박찬익이 '우후 스즈차오(獅子橋) 부동산 방안'이란 내용으로 우테청에게 서신을 보냈다. 편지 봉투 주소는 푸청신춘 5호라 적혀 있다(사진 54 참고).

이는 당시 주중국 대표단이 이미 타이핑루 329호에서 푸청신춘으로 이사했음을 설명한다. 다만 언제 이사했는지는 아직까지 정확하지 않다.

〈난징시 관리 부동산 수첩〉에 푸청신춘 5호(현 푸청신춘 10호)에 관해 다음과 같이 기재되어 있다.

주소: 마루제 푸청신춘 5호
원 사용 단위 또는 원 거주인: 상하이시 경찰국장 원훙언
부동산권 및 권리자 성명과 직업: 원궈링
건축 양식 및 동 수: 서양식 건물 1동
칸 수: 9칸

다음 사진은 대한민국 주중국 대표단 성원이 난징 대표단 사무실 대문 앞에서 함께 찍은 것이다(사진 55). 푸청신춘에 가서 실제 조사해본 결과, 푸청신춘 5호 문 앞에서 촬영한 것이다.

★ 사진 55 ─ 대한민국 주중국 대표단 구성원이 대표단 사무실 문 앞에서 함께 찍은 사진 (앉아 있는 사람은 박찬익이고, 민필호는 왼쪽 세 번째이다.)[1]

대한민국임시정부는 상하이, 항저우, 전장, 난징, 리우저우, 창사, 충칭 등지에서 활동했다. 지금 이들 도시에는 모두 기념관이 세워져 자료와 건물을 문화재로 지정해 보호하고 있는데, 유일하게 난징에만 기념관이나 자료관이 없다. 이는 대한민국임시정부의 활동 중에서도 특별한 지위를 갖고 있는 난징과는 어울리지 않는 현실이다. 그 때문에 나는 난징시 정부에 현재 푸칭신춘 10호를 대한민국임시정부 난징 역사 사료 전시관으로 만들 것을 건의한다.

그렇다면 왜 푸칭신춘 10호를 대한민국 주중국 대표단 역사 사료 전시관이 아닌 대한민국임시정부 역사 사료 전시관이어야 할까?

만약 그 역사 사료 전시관이 대한민국 주중국 대표단만의 역사를 반영한다면 그 내용과 역사적 의미는 대단히 제한적이다. 대한민국 주중국 대표단은 대한민국임시정부 주중국 대표단이 변천한 것이다. 그리고 대한민국임시정부는 1935년 11월에 본부가 난징으로 옮겨온 뒤부터 1937년 11월 철수하기까지 2년 정도 난징에 존재했다. 그리고 난징으로 본부가 옮겨오기 전인 1932년 12월 10일에 장제스와 김구는 난징에서 처음 만남을 가졌고, 그 뒤부터 국민정부와 대한민국임시정부의 접촉이 많아지면서 난징은 점차 김구가 이끄는 임시정부의 활동 중심지가 되었다.

이렇게 보면 1935년 11월 전에 김구 등이 난징에서 활동한 것도 자연히 임시정부의 난징 활동 상황에 들어가야 한다. 따라서 만약 난징에 대한민국임시정부 역사 사료 전시관이 생긴다면 이런 활동 내용도 포함되어야 하고, 그렇게 해야 난징에서의 김구의 활동도 전면적으로 드러낼 수 있다.

주중한국대표단 단장
민필호

민필호는 대한민국임시정부의 주요 인사이며, 동시에 국민 정부에서도 일했다. 홍커우공원 폭탄 의거가 일어난 후, 임 시정부 요인들을 대피시키고 구하기 위해 그는 상하이에 남 아서 비밀 통신 연락 활동을 책임졌다. 후에 임시정부에서 요직을 거치고 마지막에 대한민국 주중국 대표단 단장을 맡 았다.

《석린 민필호 전기》에 민필호가 난징에서 주중국 대표단 단 장을 맡았을 때 사진이 있다(사진 56). 이 사진도 분명 푸청 신춘 5호에서 찍었을 것이다.

민필호는 역사적으로 아주 중요한 인물임에도 중국 논저에 는 자세한 이력이 없어 그의 이력을 소개한다.

민필호(1989-1963).

호 석린, 가명으로 민석린을 주로 썼다.

서울 사람. 1911년 상하이로 망명하고 신규식이 설립한 박 달학원을 졸업했다. 1912년 2월 동제사에 가입하여 한국 독

★ 사진 56 ─ 민필호, 대한민국 주중국 대표단 대리단장 시절

★ 사진 57 ─ 민필호가 사용한 대표단 단장 인장

립운동에 투신했다. 1912년 9월부터 1917년 7월까지 상하이 남양학당에 다녔다. 1917년 9월부터 1918년 12월까지 상하이전보학교에 다녔다. 이후 20년간 중국 정부 전보국에서 근무하면서 독립운동에도 참가했다. 1932년 대한민국임시정부 요인들이 일본 군경의 추적을 피할 수 있도록 돕고 상하이전보국을 연락처로 삼아서 각지의 항일운동의 비밀통신 연락을 책임졌다. 1932년 12월, 주칭란을 통해 임시정부를 위해 1만 위안의 자금을 조달하였다. 1937년 12월, 장제스 비서실에 들어가 일하면서 암호 연구를 책임지고 기술연구실 제2조 조장을 맡았다. 1938년 11월에 장제스 비서실과 함께 구이린, 충칭 등지를 전전하였다. 1939년 5월, 한국독립당 선전부장과 임시정부 의정원 의원을 지냈다. 1940년부터 1945년까지 대한민국임시정부 김구 주석 집무실장 겸 외무차장을 지냈다. 1945년 11월에 대한민국임시정부의 주중 대표단 부단장을 맡았다. 1946년 8월에 대한민국임시정부의 주중 대표단 대리단장을 맡았다.[2]

주중한국대표단은 대한민국임시정부의 중국 연락기구이다. 민필호와 주중한국대표단의 난징 활동은 사실 김구의 중국 활동의 연속이며, 김구와 난징의 이어진 인연이다. 그래서 이곳에 짧게나마 언급했다.

1. 김준엽, 《장정》 중 '석린 민필호'에 수록, 나남출판사, 1995.
2. 김준엽, 《석린 민필호 전》 중 민필호 연표에 근거, 나남출판사, 1995.

共同奮鬥

鞘民雜誌

蕭鋒謹題

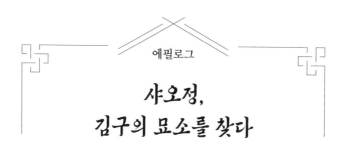

샤오정,
김구의 묘소를 찾다

1949년 6월 26일 12시 36분, 김구가 서울 경교장 자택에서 암살당했다. 이 소식을 들은 장제스는 큰 충격을 받았다. 바로 조문 전보를 보내고, 이어서 아래와 같은 애도의 글을 보냈다.

"나라를 위해 독립을 추구하고 민족을 위해 자유를 쟁취하고 망한 나라를 일으켜 세우는 그 큰 절개와 의기가 오랫동안 이어지리라."

사실 대한민국임시정부에 대한 장제스의 관심은 김구와의

만남에서 처음 시작된 것은 아니었다. 이미 1920년 10월 17일, 장제스는 신규식이 창립한 주간지 〈진단(震壇)〉에 '진단이 발전해 같은 길을 가기를 축원한다'는 글을 썼다. 이후 1940년 3월 1일, 대한민국임시정부가 충칭에서 월간지 〈한민(韓民)〉을 창간했다. 이에 장제스는 이 월간지에 '부흥의 토대'라는 글을 썼다. 국민당 요인 쥐정(居正), 장지(張継), 콩샹시(孔祥熙), 추푸청, 장즈중(張治中), 쉬언정(徐恩曾) 등은 모두 축하와 격려의 글을 썼다. 샤오정은 '함께 분투하자'는 격려문을 썼다.

新民雜誌

共同奮鬪

蕭錚題

★ 사진 58 — 샤오정의 격려문(題詞)

1973년 2월 22일, 샤오정이 비행기를 타고 서울에 도착했다. 23일 건국대학교에서 명예경제학박사 학위를 받은 뒤 바로 김구의 묘소로 가서 참배를 했다.

후에 샤오정은 자신의 회고록에 이렇게 썼다.

"내가 굳이 한국에 가서 학위를 받은 것은 사실은 고인을 참배하고 싶었기 때문이었다. 김구 선생이 한국으로 귀국하고 나서 얼마 안 가 암살당한 뒤 안공근, 박찬익, 이청천, 조소앙과 민필호 같은 임시정부의 중요한 요인들도 모두 다 세상을 떠났다. 지난 20여 년 동안 김신 장군과 자주 서신으로 연락을 한 것 외에 한국에는 이미 찾을 수 있는 옛 친구가 없어, 한국에 오지 못했다. 이번 한국행은 김 선생의 묘소를 참배하고, 선생이 살던 곳을 보기 위해서이다. 이제 교통부 장관이 된 김신 장군은 내가 오자 뜨겁게 환영해주었고, 도착한 다음날 김구 선생의 묘에 동행해주었다. 묘 앞에서 오랜 친구를 생각하니 저도 모르게 눈물이 흘렀다."

샤오정은 그때 시 한 수를 지어 김신에게 주었다.

白头来吊老英雄

백발이 되어서야 노영웅을 추모하러 왔구나

复国丰功孰与同
나라를 되찾기 위한 큰 공로는
과연 그 어떤 것에 비할 수 있을까

四十年前艰苦事
40년 전의 그 고통과 고난의 길

千秋义烈仰高风
천추에 이어질 충절, 그 높은 기개를 우러러본다

【부록】

❖

김구와
역사 속 인물들

【 김구와 역사 속 인물들 】

시라카와 요시노리(白川義則), 1869–1932년

일본 다이쇼 시대의 육군대장. 청일전쟁과 러일전쟁에 참전하고 독일로 유학했으며, 1923년 간토군 사령관으로 부임해 일본 간토군 중국 선양과 동북지역에 배치되었다. 1925년 육군대장으로 승진한 뒤, 산둥성의 일본 교포 보호를 구실로 동북과 조선에 주둔한 3개 사단의 일부 병력을 칭다오와 지난(濟南)으로 이동시켰다. 산둥성에 진주하고 있던 중국 북벌군을 도발해 지난 참사를 일으켰고, 이 참사 직후 군벌 장쭤린을 폭살한 사건으로 군정이 심각한 갈등을 겪었다. 이로 인해 육군대장에서 물러났다가 1932년 2월 상하이 파견군 사령관으로 부임했다. 시라카와 요시노리는 부임한 지 열흘도 안 된, 3월 2일 상하이를 함락했다. 일본군의 상하이 침공을 축하하기 위해 4월 29일 일왕 탄신 기념일에 성대한 축전과 열병식을 열었으나, 윤봉길 의사의 의거로 치명상을 입고 5월 26일 사망했다.

시게미쓰 마모루(重光葵), 1887–1957년

일본 다이쇼, 쇼와 시대의 외교관으로 A급 전범 중 한 명이다. 1929년부터 상하이(上海) 주재 일본 총영사, 중국 주재 일본대사를 역임했다. 1933년에는 괴뢰 만주국 부총리, 주 소련, 영국 대사, 외무대신을 역임했다. 1945년 9월 2일 일본 정부를 대표하여 USS 미주리함에서 이루어진 항복 문서 조인식에 일본 대표로 참여해 일본의 항복 문서에 서명하였다. 1946년 극동국제군사재판에서 금고형을 받은 3명의 일본 A급 전범 가운

데 가장 가벼운 금고형 7년을 받았고, 감옥에서 1년간 복역한 뒤 1949년
11월 가석방되었다. 1954년 외무대신으로 재임명되어 28명의 A급 전범
중 유일하게 전후(戰後)에 재등장했다. 시게미쓰는 1, 2차 세계대전과 전
후에도 활약하면서, 수많은 일본의 침략과 통치, 외교정책 수립을 막후
에서 주도하기도 했다. 상하이 홍커우공원에서 윤봉길의 폭탄에 맞아 오
른쪽 다리에 장애를 입었다.

우에다 겐키치(植田謙吉), 1875~1962년

일본 육군대장. 일본 육군사관학교와 일본 육군대학을 졸업했다. 1932년
1·28사변 때 9사단을 지휘해 상하이를 침략했다. 1934년 주조선 일본군
사령관을 거쳐 대장으로 승진했다. 1936년에는 간토군 사령관 겸 만주국
대사로 자리를 옮겼다. 1939년 12월 노먼햄 전투 패배로 64세에 간토군
사령관직을 사임했으며, 1962년 9월 11일 87세로 사망했다.

노무라 기치사부로(野村吉三郎), 1877~1964년

일본 해군대장. 일본군이 상하이를 침략했을 때 제3함대 사령관을 맡았
다. 1933년 해군대장을 지냈고 1937년 현역에서 은퇴했다. 1940~1942
년 주미대사를 지낼 당시 진주만 사건이 일어났다. 노무라 기치사부로는
상하이 홍커우공원에서 윤봉길의 의거로 한쪽 눈을 잃었다. 중국 침략에
가담했고, 전쟁 범죄자인 그가 벌을 면한 이유는 무엇일까? 하나는 주미
무관 시절 워싱턴 해군 조약 협상에 참여해 당시 미 해군 차관보였던 루
스벨트와 친분을 쌓았다는 설이 있고, 또 하나는 주미대사 시절 만난 맥

아더 장군의 사촌형이 일본이 패망한 뒤 중국이 제출한 전범 명단에 그의 이름이 오른 것을 보고 맥아더 장군에게 편지를 보내 사정하는 바람에 처벌을 면했다는 설도 있다. 1964년 87세로 사망했다.

무라이 구라마쓰(村井倉松), 1888-1953년

외무성통상국 제1과장, 상하이 총영사, 시드니 총영사 등을 지냈으며, 상하이총영사 시절에는 제1차 상하이사변에 대응하여 우테청 상하이시장과 협의를 가졌다. 1932년 상하이 홍커우공원에서 윤봉길 의사의 의거로 중상을 입었다. 그후 시드니 총영사 시절에는 일호통상항해조약 체결을 위한 협상에 임했고, 1937년 타이 공사를 맡았다. 퇴관 후 1951년(쇼와 12년)부터 샴 공사(주타이 공사)를 맡아 우호통상항해조약에 조인했다. 퇴관 후, 1951년(쇼와 26년)에 하치노헤 시장에 취임했지만, 임기 도중에 사망했다.

그의 아들 무라이 쓰토무는 무라이 구라마쓰가 윤봉길 의거 당시 입고 있었던 대례복과 안경을 1992년 한국에 기증했다. 대례복은 천안 독립기념관에, 안경은 매헌 윤봉길 의사 기념관에 전시되어 있다.

가와바타 데이지(河端貞次), 1874-1932년

의사. 교토에서 개업한 후 1912년 상하이로 건너가 의원을 열었다. 1922년 상하이 거류민단 행정위원회 회장이 되었다. 1932년 4월 29일 상하이 홍커우공원 천장절 기념식에서 윤봉길 의사의 폭탄 의거로 사망했다.

도왜실기(屠倭實記)

1932년 중국 상하이에서 김구가 한인애국단 의열 활동의 진상을 중국인에게 알려, 함께 힘을 합쳐 항일투쟁을 촉구하기 위해 중국어로 쓴 책이다. 광복 후 요인들이 귀국하고 나서, 이 책을 우리말로 옮겨 1946년에 발간했다. 앞부분은 김구가 1932년에 쓴 원서 내용이 실려 있고, 이어서 편역자 엄항섭의 서문, 이승만의 발간사가 이어진다. 추가된 내용으로 김구 선생의 전기, 도쿄 사건, 상하이 사건 등에 관한 기사, 독립운동사와 항일 무장 운동사가 수록되어 한인애국단을 연구하는 데 매우 중요한 자료이다.

한국독립당

1930년 상하이에서 임시정부 요인들이 중심이 되어 설립한 민족주의, 민주주의 정당. 김구, 이동녕, 안창호, 조소앙 등이 참가했다. 1935년에는 김구를 중심으로 중국 항저우에서 한국국민당이 창당되었다. 이후 한국국민당, 한국독립당, 조선혁명당의 3당 통합이 추진됨에 따라 1940년 5월 8일에 3당의 해체가 선언되고, 민족주의 계열의 통합 정당인 한국독립당이 공식적으로 출범하게 되었다. 1945년 11월 임시정부 요인들이 환국하면서 한국독립당은 김구를 중심으로 다시 국내 기반의 확대·강화를 모색하면서 반탁운동, 남북협상 참석, 단정반대, 통일 일부 수립 추진 활동을 했다.

한인애국단

1931년 중국 상하이 임시정부가 일본의 주요 인물을 암살하려는 목적으로 조직한 비밀 단체. 김구를 중심으로 안공근, 이수봉, 이유필 등이 간부로 조직을 운영하고, 단원으로 유상근, 유진만, 윤봉길, 이덕주, 이봉창, 최흥식 등이 참가했다. 1932년 1월 8일 이봉창의 일왕 암살 의거, 1932년 4월 29일 윤봉길 홍커우공원 의거, 1932년 4월 이덕주, 유진만의 조선총독 암살 의거, 최흥근과 유상근의 다롄에서 시도한 일본 고관 암살 시도 등이 모두 한인애국단이 한 일이다.

【 1장 】

엄항섭(嚴恒燮), 1898-1962년

일제강점기에 활동한 독립운동가이자 정치인. 경기도 여주(驪州)에서 출생했다. 1919년 중국 상하이로 망명해서 임시정부에서 활동, 1922년 항저우 지강대학교를 졸업했다. 1931년 애국단에 참여해 윤봉길 홍커우공원 의거를 지원했고, 1937년 한국독립당을 창당해 항일운동을 하다가 1945년 11월 임시정부 국무위원 자격으로 귀국했다. 이후 김구 측근으로 한국독립당 선전부장을 맡아 정치활동을 했으며, 김구의 중립노선을 지지하며 1948년 평양 남북협상과 남북 15요인 회담에 참가했다. 한국전쟁 중 납북되었으며, 납북 후 통일 운동을 하다 자신들의 통일 방안과 견해가 다르다고 판단한 북한 당국에 의해 1958년 반혁명분자라는 혐의로 탄

압받는다. 엄항섭은 남북 인사 중 조소앙과 함께 남북통일운동에 가장 적극적이었고, 김일성 독재에 비판적이었다. 1962년 평양에서 고혈압으로 숨을 거두었다. 엄항섭은 1989년 건국훈장 3급 독립장이 추서되었다.

이동녕(李東寧), 1869–1940년

한말의 독립운동가로 청년회를 조직해 계몽운동을 벌였다. 1904년 을사늑약이 체결되자 반대 운동을 벌였고, 북간도 룽징으로 가서 교육사업을 벌였다. 1907년 귀국, 안창호 등과 신민회(新民會)를 조직, 1910년 신흥강습소를 세워 독립군 양성과 교육에 힘썼다. 1919년 임시정부에 참여해 내무총장을 지냈다. 1921년 임시정부가 파벌싸움으로 위기에 놓이자 안창호, 김구, 여운형 등과 시사책진회를 결성해 단결을 촉구했다. 1927년 임시정부 주석에 올랐고, 1929년에는 김구와 함께 한국독립당을 창당했다. 1937년 중일전쟁이 일어나자 항일전을 구상하며, 1939년 김구와 전시 내각을 구성, 조국 광복을 위하여 싸우다가 중국에서 병사하였다. 임시정부 국장(國葬)으로 장례가 거행되고, 1962년 건국훈장 대통령장이 추서되었다.

천궈푸(陳果夫), 1892–1951년

천궈푸는 1912년 중국 상하이에서 신규식이 결성한 신아동제사에 참여하여 활동하였다. 1919년 이후 중국국민당의 지도급 인사로서 대한민국 임시정부에 자금을 지원하고, 요인들의 신변 보호에 힘쓰는 등 한국 독립운동에 협조하였다. 1932년 윤봉길 의사 의거 후 장제스와 김구의 면담을 주선했다. 한국 독립군 간부 양성을 위한 난징 중앙군관학교 한인반을 특설하여 이후 한국인을 입학시키는 데 힘쓰기도 했다.

중국 국민정부는 1932년 윤봉길 의거 이후 주요 한국 독립운동가들을 비밀리에 보호하였다. 윤봉길 의거 직후 일제는 모든 역량을 동원하여 김구를 체포하려 하였으나, 천궈푸를 비롯한 국민정부 요인 천리푸, 우테청, 주칭란 등은 김구의 피신을 직접 도와주었다.

1940년 충칭에 있던 대한민국임시정부가 한국광복군을 창설할 수 있도록 도왔다. 그는 1942년 충칭에서 열린 한중문화협회 창립대회에서는 이승만(李承晚) 등과 함께 명예이사로 추대되었고 이후 1945년 해방될 때까지 지속적으로 대한민국임시정부의 활동자금을 지원하였다. 1966년 건국훈장 1급 대한민국장을 추서하였다.

주칭란(朱慶瀾), 1874-1941년

주칭란은 1922년 말 주화호로총사령으로 재직 중 대한혁명단(大韓革命團)의 움직임을 일본 측에 비밀로 하여 일본군의 군사 개입을 저지시켰다. 1931년 9월 일제가 만주를 침략하자 독립군 단체들과 긴밀한 연락을 유지하며 독립운동에 기여하였다. 1932년 4월 상하이 훙커우공원 의거가 일어난 뒤 김구의 피신을 돕고 대한민국임시정부에 재정을 지원하고 임시정부 요인들의 피신을 도왔다. 1932년에는 의열단 김원봉과 교섭하여 군사금을 지원하기도 했다. 1968년에 건국훈장 3급 독립장을 추서하였다.

【 2장 】

신규식(申圭植), 1880-1922년

항일 독립운동가. 대한자강회, 대한협회 등에서 활동하였다. 을사늑약 후 죽음으로 항거하려 음독했으나 실패하고 오른쪽 눈만 실명했다. 1911년 상하이로 망명해 중국의 신해혁명에도 가담하였다. 임시정부 수립 후 법무총장, 외무총장으로 일했으나 1922년 임시정부 내에서 내분이 일어나자 조국의 장래를 근심하여 단식하다 25일 만에 스스로 목숨을 끊었다. 1962년 대한민국 건국훈장 대통령장이 추서되었다.

박은식(朴殷植), 1859-1925년

한말의 유학자·독립운동가. 《황성신문》의 주필로 활동했으며 독립협회에도 가입하였다. 대동교를 창건하고 1912년 상하이로 들어와 동제사를 조직하고 1915년 신한혁명당을 조직하여 항일 활동을 전개하였다. 1925년 이승만이 면직되자 제2대 상하이 임시정부 대통령이 되었지만, 임시정부 내분에 독립운동의 단결을 위해 대통령제를 국무위원제로 고치는 등 임시정부 헌법을 개정하고 자신은 물러났다. 그해 독립운동을 위한 전 민족의 단결을 유언으로 남기고 세상을 떠났다. 1962년 건국훈장 대통령장이 추서되었다.

신채호(申采浩), 1880-1936년

일제강점기의 독립운동가·사학자·언론인. 《황성신문》, 《대한매일신보》

등에서 활약하며 내외의 민족 영웅전과 역사 논문을 발표하여 민족의식 고취에 힘썼다. 1919년 상하이 임시정부 수립에 참가해 의정원 위원 등을 역임했으나 이승만 배척운동을 내세워 공직을 사퇴했다. 1925년부터 무정부주의를 신봉했고, 잡지 〈탈환〉을 발간하고 자금 조달차 타이완으로 가다가 체포되어 10년형을 선고받고 뤼순감옥에서 복역 중에 1936년 옥사했다. 그는 '역사라는 것은 아(我)와 비아(非我)의 투쟁이다.'라는 명제를 내걸어 민족사관을 수립, 한국 근대사학의 기초를 확립했다. 1962년 건국훈장 대통령장이 추서되었다.

김규식(金奎軾), 1881–1950년

대한민국임시정부 부주석을 지냈다. 독립유공자이자 정치인. 임시정부 요인이면서 좌우합작, 남북협상에 모두 참가했다. 1950년 한국전쟁 중 납북되어 끌려가다 병사했다. 이승만 정부와 군사정권에 외면받아오다 1989년에서야 건국훈장 대한민국장이 추서되었다.

조소앙(趙素昻), 1887–1958년

독립운동가 겸 정치인. 일본 메이지대학 법과를 졸업하고, 조선법학전수학교(朝鮮法學專修學校)에서 교직생활을 하였다. 1919년 3·1운동 후 중국으로 망명해 임시정부 수립에 참가해 국무위원 겸 외무부장을 지냈다. 1922년 임시정부의 내분을 수습하려고 시사책진회를 결성했고, 한국독립당에 참가했다. 1945년 해방을 맞아 귀국했고, 1946년 한국독립장 부위원장이 되었다. 1948년 단독정부 수립에 반대하고 김구 등과 남북협상에 참가했다. 이후 정부 수립에 불참하였다가 1950년 제2대 국회의원에 출마하여 전국 최고득점으로 당선되었으나, 한국전쟁 때 납북되었다. 1958년 함께 납북된 엄항섭이 북한에 의해 체포되자 반대하며 단식을 벌이다 병사했다. 1989년 건국훈장 대한민국장이 추서되었다.

탕지야오(唐継尧), 1883-1927년

중화민국의 군인, 정치가. 운남성의 지역 군벌로 한때 중화민국 역사에 큰 영향을 미쳤으나, 후에 한창 나이에 허무하게 몰락하고 사망한다. 탕지야오는 대한민국임시정부 수립 이후부터 신규식을 비롯한 대한민국 독립운동가들과 교류하면서 한국의 독립과 국권 회복을 적극 지지하였다. 특히 "한국 인민은 망국지인(亡國之人)이 아니다"며, 한국을 위해 최소 2개 사단의 군관을 양성하고 귀국 혁명을 원조할 것을 맹세했다.

1925년에는 자신이 설립한 군사학교 육군강무당과 신규 비행대에 한인이 입학할 수 있도록 힘썼다. 임시정부가 증명한 신분증을 가진 한인 학생들을 모두 수용해 학비와 기숙사비를 면제해주고, 일제의 끊임없는 방해에도 불구하고 50명 모두 졸업할 수 있도록 지원하고 배려했다. 그가 설립한 육군강무당은 이범석, 이준식, 김관오 등 한국 독립운동가들을 배출했고, 중국 현대사의 군사 지도자 주더, 펑더화이(彭德怀)도 이곳 출신이다. 1968년 한국의 독립운동을 지원한 것이 인정되어 건국훈장 2급 대통령장이 추서되었다.

천치메이(陈其美), 1878-1916년

중국의 혁명가, 정치가. 장제스의 정치적 스승. 1909년 송자오런(宋敎仁) 등과 중부동맹회를 조직하여 혁명운동을 전개하였다. 신해혁명 이후 상하이도독, 공상총장(工商總長)에 취임하였으나, 1913년 제2차 혁명으로 위안스카이(袁世凱)에게 쫓겨 일본으로 망명하였다. 1915년 귀국하여 위안스카이를 반대하는 군사 활동을 벌이다가 상하이에서 암살당했다. 그는 한국의 독립운동을 지원해 여러 독립운동가들과 친밀하게 지냈다. 특히 쑨원이 이끄는 중국혁명동맹회의 일원이었던 신규식과 가까워졌고, 신규식과 함께 신아동제사를 조직해 한·중 혁명 활동을 전개했다. 그 공로로 1968년 건국훈장 1급 대한민국장을 추서받았다.

후한민(胡汉民), 1879-1936년

중화민국의 혁명가이자 정치가. 중국국민당 내 보수 우익 리더. 후한민은 1912년 한중 양국의 우의와 한국 독립을 추진하기 위해 결성한 신아동제사에 참여했다. 1921년 임시정부 국무총리 신규식이 임시정부 승인 문제로 쑨원을 만났는데, 이때 후한민이 배석해 한국 독립운동 지지 의사를 강력하게 피력한다.

1926년에는 한인 청년 10여 명의 황푸군관학교 입교에 도움을 주었고, 1931년에는 임시정부 외교부장 조소앙을 만나 한중 연대를 통한 대일 항전을 계획했다. 1968년 대한민국 정부로부터 건국훈장 2급 대통령장을 추서받았다.

다이지타오(戴季陶), 1891-1949년

중화민국의 혁명가이자 저술가. 국민당 내 우익 이론가.

주지아화(朱家骅), 1893-1963년

타이완의 정치가. 북경대학교 교수를 거쳐 광둥성 정부 위원, 저장성 정
무위원회 위원 및 농공청장, 국민당 중앙조직부장, 국방과학위원회 부주
임위원, 교육부 부장 등을 역임하였다. 일제강점기 때 한국 독립운동가
들을 도운 공로로 건국훈장 2급 대통령장을 추서받았다.

우테청(吳铁城), 1888-1953년

중화민국의 정치인. 1932년부터 5년간 상하이 시장을 역임했고, 이후 항
일전쟁을 수행하며 외교 업무를 보았다. 1942년 천궈푸, 주지아화, 다이
지타오 등과 함께 한국 독립 문제를 담당했고, 임시정부와 교섭하면서 한
국 독립운동과 아주 긴밀한 관계를 맺었다. 장기간 국민당 해외 업무를
관장했고, 중국이 공산화되기 전에 국민정부와 함께 타이완으로 이주했다.

김의한(金毅漢), 1900-1964년

일제강점기 애국단원, 한국독립당 감찰위원, 광복군총사령부 주계 등을
역임한 독립운동가. 1919년 10월 국내에서 비밀결사인 대동단(大同團)
에 가담하여 독립운동을 전개하다 아버지와 함께 중국 상하이로 망명하
였다. 1932년 윤봉길의 의거로 임시정부가 항저우로 이전할 때 임시정부
요인 이동녕, 김구와 함께 저장성 자싱으로 피신했고, 임시정부 활동에

참여했다. 1934년 김구, 안공근 등과 애국단을 조직하고 그 일원으로 활동했으며, 뤄양군관학교 내 한인 군관학교와 의열단 계열 군관학교에 관여하면서 독립군 양성에 힘썼다. 임시정부에서 활발히 활동하면서 1940년 한국독립당이 창당되자 상무위원 겸 조직부 주임을 맡았다. 임시정부가 충칭으로 이전한 뒤 광복군 총사령부에서 회계 업무를 맡았고, 1943년부터 광복군 조직훈련과장을 맡았다. 광복 후 귀국해 한국독립당에서 일했고, 한국전쟁 때 납북되었다. 북한의 주장으로 1964년에 사망했다고 한다. 1990년 건국훈장 독립장이 추서되었다.

김신(金信), 1922–2016년

김구의 둘째 아들로 공군 참모총장, 교통부 장관, 국회위원을 지낸 독립운동가이자 군인. 정치인. 중국 상하이에서 태어났다. 모친이 사망하자 조모 곽낙원을 따라 귀국해 잠시 황해도에서 유년기를 보내다 1934년 할머니와 함께 상하이로 망명했다. 대학교를 졸업하고 임시정부의 비밀 연락과 정보 수집 임무를 맡았다. 이후 중화민국 공군군관학교를 졸업하고, 미국 랜돌프 공군비행학교를 졸업하고 상하이에서 제대한다. 귀국 후 국군 창설에 참가하는 등 군에 있다가 1962년 전역한다. 이후 주타이완 대사, 교통부 장관, 독립기념관 초대 이사장, 백범 김구 기념관 관장, 백범 김구 기념사업회 회장을 지내며《백범일지》의 간행을 주도했다.

정정화(鄭靖和), 1900–1991년

본명 정묘희(鄭妙喜), 호는 수당(修堂). 서울에서 태어났다. 대한민국임시정부가 중국에서 항일투쟁을 할 때 함께한 저명한 독립운동가이다.

1919년 3·1운동이 일어난 후 시아버지, 남편 김의한과 함께 상하이로 와서 임시정부가 주도하는 독립운동에 적극적으로 참가했다. 1940년 한국혁명여성동맹을 조직했고, 충칭에서 3·1유치원의 교사로 일했다. 1943년 대한애국단 부인회 훈련부장을 맡았다. 광복 후 인생은 평탄치 않았다. 1946년 귀국했지만 김구가 암살되었고, 한국전쟁이 일어나자 남편 김의한이 조소앙 등과 납북되었고, 남아 있던 그녀는 부역죄로 투옥되는 등 고초를 치렀다. 저서로 1989년 출간된《녹두꽃》이 있다. 이 책은 1998년《장정일기》란 이름으로 개정판이 나왔다.

【3장】

이시영(李始榮), 1869-1953년

한국을 대표하는 독립운동가 집안으로 형 이석영, 이회영 등 6형제 모두 독립운동에 헌신했고, 그를 제외한 다섯 명은 해방을 보지 못하고 옥사하거나 아사했다. 일제강점기에 가산을 처분해 독립운동을 지원하며 신민회, 신흥강습소, 한국독립당을 조직하였고, 해방 이후 초대 부통령에 당선되었으나 이승만 정권에 반대하여 사임했다. 1949년 건국훈장 대한민국장에 추서되었다.

차리석(車利錫), 1881-1945년

대한민국임시정부 수립에 참여했고, 임시정부 국무위원을 지낸 독립운동가. 1910년 일제가 날조한 105인 사건으로 옥고를 치렀고, 3·1운동 참가 후 상하이로 망명해 임시정부 수립에 참가했다. 1935년 임시정부 국무회의에서 비서장에 선출되었고, 한국국민당 창당에 참여했다. 해방을 보지 못하고 1945년 충칭에서 사망했다. 1947년 김구의 주선으로 유해가 운구되어 서울 효창원에 안장되었고, 1962년 건국훈장 독립장이 추서되었다.

송병조(宋秉祚), 1877-1942년

일제강점기 임시정부 국무위원을 역임한 목사이자 독립운동가. 1919년 3·1운동 후 군자금을 모금해 지원하다가 일제의 위협으로 1921년 상하이로 망명한다. 임시정부 국무위원으로 활동하면서 중국 전역을 다니며 활동을 펼치다 1942년 충칭에서 세상을 떠났다. 1963년 건국훈장 독립장에 추서되었다.

조성환(曹成煥), 1875-1948년

일제강점기 대한민국임시정부 수립에 참여하여 군무부 차장을 역임하였고, 북로군정서와 대한독립군단 조직과 한국광복군 창설에 공헌한 대종교인이자 독립운동가. 1907년 연해주로 망명해 중국혁명 원로 천치메이와 함께 한중공동전선으로 항일투쟁을 주장했고, 1912년 일본 총리대신 가쓰라 암살을 기도했으나 사전에 발각되어 체포되어 거제도에서 1년간 유형되었다. 1919년 상하이로 건너가 임시정부에서 일했다. 1938년 시안에 파견되어 중국 정부와 협의해 광복군 창설에 크게 이바지했다. 1962년 건국훈장 대통령장이 추서되었다.

연미당(延薇堂), 1908–1981년

상하이 임시정부에서 남편 엄항섭과 함께 활동한 독립운동가. 남편을 대신해 실질적인 가장 역할과 항일투쟁 전선에 직접 나선 독립운동가로 임무를 수행했다. 임시정부 시정부를 지원하고 정부 요인들의 안위를 위해 묵묵히 헌신했으며 주의(主義)와 정파를 초월해 본격적으로 통합운동을 추진하며 앞서 여성 독립운동계 통합에 솔선수범했다. 남편 엄항섭에 이어 1990년 건국훈장 애국장이 추서되었고, 맏딸 엄기선도 1993년 건국포상을 받았다.

류자명(柳子明), 1894–1985년

독립운동가이자 아나키스트. 중국에서 활동한 농학자이고 남과 북에서 모두 훈장을 받은 독립운동가이다. 충주 출생. 일찍이 수원농림학교에서 공부하다 1919년 상하이로 가서 여운형의 소개로 신한청년당에 입당한 뒤 대한민국임시정부 임시의정원 의원이 됐다. 1922년 가을에 톈진에서 의열단 홍보 업무를 맡았다. 그후 광저우, 우한 등지를 전전하다 1927년에 난징으로 피난하여 항전이 발발할 때까지 줄곧 중국의 이상적인 마을 건설 활동에 앞장섰다. 1929년에 푸젠성의 한 고등학교에서 생물학을 가르쳤다. 1930년부터 1935년까지 상하이 리다대학에서 농업과 일본어를 가르쳤으며, 그동안 안공근 등과 남화한인청년연맹을 결성해 의장과 대외연락 책임자를 역임했다. 1931년 11월 항일구국동맹에 참가하였다. 1935년에 국민정부건설위원회 산하의 동류실험농장에서 원예사업을 지도하였고. 그후 푸젠, 광시 등지에서 원예 연구에 종사하였다. 중국에서 전면적인 항전이 발발한 후에는 중국과 한국 전선연맹을 위해 힘을 쏟았다. 1940년에 아내를 데리고 푸젠성으로 가서 푸젠성 정부가 주도하는 원예사업을 지도하였다. 이후 충칭으로 가서 한국 독립운동에 참가해 1942년 대한민국임시정부 의정원 의원으로 당선됐다. 1944년에 푸젠성 정부의 초청 하에 정부 일을 했고. 1946년에 타이완에 가서 농림처 기술실 주임을 맡았다. 이후 한국전쟁 발발로 한국으로 돌아가지 못하고 후난(湖南)대학교에서 교수로 근무했다. 후난대학교는 중국 최고의 농업대학교이고, 류자명은 중국에서 손꼽히는 원예학자이다. 후난대학교에는 그의 동상이 세워져 있다. 사망할 때까지 중국 원예학자로 활동했고, 후손들도 대부분 중국과 북한에 있기 때문에 오랫동안 그 활동 상황이 자세히 알려지지 않았다.

【 5장 】

노종균(盧鍾均), 1894–1939년

한국특무대독립군 중대장 및 조사부장. 이명(異名)은 양동오, 백운서, 김동우이다. 노종균은 일제강점기 한인애국단원으로 활동한 독립운동가이다. 한인애국단을 결성하고 운영에 참가하는 등 특무활동과 중국육군군관학교 뤄양분교에 설치된 한인특별반 학생들을 관리했다. 1937년 12월 상하이 일본총영사관 경찰에 붙잡혀 국내로 압송되었다. 해주감옥에서 옥고를 치르다 1939년 6월 세상을 떠났다. 1995년 건국훈장 독립장이 추서되었다.

오면직(吳冕稙), 1894-1938년

일제강점기 독립운동가. 기자로 일하며 독립군자금을 모집했고, 1921년 상하이로 망명했다. 1922년 김구의 지시로 러시아에서 받은 독립운동 자금 40만 루블을 횡령한 임시정부 비서장 김립을 사살하고, 뤄양군관학교에 입학했다. 한국특무대독립군에서 활동하다가 맹혈단을 조직해 상하이 일본총영사관을 습격하다 체포되었다. 1938년 해주감옥에서 사형이 집행되어 순국했다. 1963년 건국훈장 독립장이 추서되었다.

도이하라 겐지(土肥原 賢二), 1883-1948년

제국주의 시대 일본의 군인. 특무기관장으로 중국에서 일본군의 간첩 행위와 공작에 관여하는 등 일제의 중국 침략에 적극적으로 기여했다. 2차 세계대전 종결 후 A급 전범으로 사형당했다. 중국 침략의 정당성을 확보하기 위해 청나라 마지막 황제 푸이를 집요한 설득과 공작으로 만주국 황제로 만든 것도 그의 공작이다. 특무대장으로 있으면서 중국과의 본격 전쟁에 앞서 화북분리 공작을 추진했다. 국민정부 요직과 군에 도이하라가 심어놓은 첩자는 셀 수 없이 많았다. 이들을 이용해 군내 갈등이나 공작 정치로 내분을 일으켰다.

정성언(鄭成彦), 1913-미상

임시정부 특무대원. 혁명동지회 간부를 역임한 독립운동가. 1934년 김구의 추천으로 뤄양군관학교에서 수학한 뒤, 난징으로 돌아와 김구가 설립한 특무대 예비훈련소에서 특무대원으로 활동했다. 1935년 8월 공산주의 비밀결사를 조직해 활동하다가 상하이에서 일본 경찰에 체포되어 복역했다. 1943년부터 만주에서 조선독립동맹 공작원 이상조와 함께 항일지하활동을 전개했고, 해방 후 하얼빈에서 조선독립동맹 북만주 특별위원회 위원이 되었다. 1947년 혹은 1948년 북한으로 가서 북한중앙은행 이사장, 최고인민회의 대의원을 역임했다.

조완구(趙琬九), 1881-1955년

대한민국임시정부 내무장, 재무총장을 역임한 독립운동가. 한중항일대동맹을 조직해 중국과 연합해 항일투쟁을 했다. 1935년 한국국민당을 결성해 후에 한국독립당으로 합류했다. 김구와 같이 귀국해 일하다가 한국전쟁 때 납북되었다. 1989년 건국훈장 대통령장이 추서되었다.

양묵(楊墨), 1897-1964년

독립운동가. 1915년 상하이로 망명했다가 1916년 미국으로 건너가 재미대한인국민회에 가입해 활동한다. 1921년 흥사단에 입단해 안창호의 가르침을 따랐고, 1929년 다시 상하이로 와서 이동녕, 안창호, 김구 등과 한국독립당을 조직하고 임시정부에서 일했다. 광복군 결성 시 총사령부 참사 겸 정훈처장으로 임명되어 광복군 발전에 기여했다. 1946년 귀국했다. 1963년 건국훈장 독립장이 추서되었다.

나태섭(羅泰燮), 1901-1989년

이명 왕중량. 한국독립당. 김구특무대 대원. 대한민국임시정부에서 항일
운동을 했다. 1927년 중국으로 망명해 한국독립당에 입당해 한국청년단
단장을 맡았다. 1935년 난징 중국육군군관학교를 졸업하고 정보 공작활
동을 했다. 광복 후 육군에 입대해 대령으로 예편했다.1977년 건국훈장
독립장이 추서되었다.

김동수(金東洙), 1916-1982년

1923년 부친을 따라 상하이로 갔다. 1934년 중국군관학교 뤄양 분교 한
인 특설반에 입학해 한국인 훈련생 90여 명과 함께 입대해 1년간 군사훈
련을 받았다. 1938년 임시정부의 지시로 중국인을 포함해 50인과 함께
특수공작대를 조직해 정보 수집과 선전 등을 전개했다. 귀국 후 육사를
졸업하고 육군 준장으로 예편했다. 1963년 건국훈장 독립장을 추서했다.

조지영(趙志英), 1916-1950년

이명 조동윤. 한국국민당 당원으로 뤄양군관학교에서 수학했다. 1936년
군관학교 10기생으로 졸업한 뒤 중국군에 배속되어 항일전을 수행했다.
1942년 임시정부 군무군 비서를 거쳐 군사과장에 임명되어 활약했고, 광
복군 제복과 계급장을 도안했다. 1990년 건국훈장 독립장이 추서되었다.

고시복(高時福), 1911-1953년

이명 고일명(高一鳴). 한인애국단 비밀단원, 한국광복군 총사령부 전령 장교, 임시정부 내무부 총무과장을 역임한 군인이자 독립운동가. 광복 후 1946년에 귀국해 육사 2기생으로 졸업하고 한국전쟁에 참전해 준장이 되었다. 1990년 건국훈장 애국장에 추서되었다.

조시제(趙時濟), 1913-1945년

독립운동가 조소앙의 큰아들. 1932년 상하이에서 상하이 한인청년당을 조직해 활동했다. 1940년 한국광복진선 청년공작대에 가입해 항일활동 을 전개했다. 1943년 한국독립당에 가입해, 임시정부의 특명으로 만주에 파견되어 임무를 수행하다 암살당했다. 1990년 건국훈장 애국장이 추서 되었다.

이재현(李在賢), 1917-1997년

이명 이해평. 일제강점기 한국청년전지공작대 공작조장, 광복군 2지대 공작조장 등으로 활동하며 항일무장투쟁을 전개한 독립운동가. 1944년 4월 광복군과 미국OSS 합동 훈련 시 무전반에서 훈련받았고, 1945년 국 내 침투 공작에 대비하는 등 활동을 했다. 1990년 건국훈장 독립장이 추 서되었다.

김인(金仁), 1917-1945년

임시정부 독립운동가이자 대한독립군 소령을 지낸 군인. 백범 김구의 장남이며, 21대 교통부 장관을 지낸 김신의 형. 1920년 할머니와 어머니를 따라 중국 상하이로 가서 그곳에서 교육을 받았고, 20대 젊은 나이에 대한독립군 감독관이 되었다. 아버지를 도와 여러 가지 일을 했으나 1945년 쓰촨성 청두에서 폐렴으로 병사했다.

【7장】

노태연(盧泰淵), 1893-1993년

본명 노선경(盧善敬). 대한민국임시정부 국무총리 노백린(盧伯麟)의 큰 아들. 신흥무관학교를 졸업하고 뤄양 헌병사령부에서 일했고, 뤄양 분교 한국인 학생반 김구과 학생들의 감독이었다. 이 내용은 추이펑춘의 〈김구특무대 연구〉에 수록되었고, 스위안화의 《한국 독립운동 연구》에 실려 있다.

【 사진으로 보는 독립운동가들 】

김구(金九), 1876-1949년

엄항섭(嚴恒燮), 1898-1962년

이동녕(李東寧), 1869-1940년

신규식(申圭植), 1880-1922년

박은식(朴殷植), 1859–1925년   신채호(申采浩), 1880–1936년

김규식(金奎軾), 1881–1950년   조소앙(趙素昻), 1887–1958년

김신(金神), 1922-2016년   정정화(鄭靖和), 1900-1991년

이시영(李始榮), 1869-1953년   차리석(車利錫), 1881-1945년

송병조(宋秉祚), 1877-1942년

조성환(曺成煥), 1875-1948년

연미당(延薇堂), 1908-1981년

오면직(吳冕稙), 1894-1938년

조완구(趙琬九), 1881-1955년　　나태섭(羅泰燮), 1901-1989년

김동수(金東洙), 1916-1982년　　조시제(趙時濟), 1913-1945년

이재현(李在賢), 1917－1997년

김인(金仁), 1917－1945년

류자명(柳子明), 1894－1985년

박찬익(朴贊翊, 1884～1949년)

김철(金澈), 1886−1934년

김의한(金毅漢), 1900−1964년

민필호(閔弼鎬), 1989−1963년

안공근(安恭根), 1889− 1939년

윤봉길(尹奉吉), 1908-1932년   김구와 어머니, 두 아들 1

김구와 어머니, 두 아들 2

차리석 회갑 기념 사진(1941.9.23, 충칭)

조완구·차리석의 회갑 기념 사진(1941.9.23, 충칭)

대한민국임시정부 요인과 가족들 사진(1936, 전장)

歡送韓國靑年戰地工作隊: 白凡. 一九三九. 十一. 十七.

韓靑年戰地工作隊

한국청년전지공작대 환송식 사진(1939. 11. 17.)

사진과 인물로 보는

김구와 난징의 독립운동가들

초판 1쇄 발행 | 2024년 8월 15일

지은이 | 장위안칭(张元卿)
옮긴이 | 박지민
펴낸이 | 김현숙 김현정
디자인 | 디자인 봄바람

펴낸곳 | 공명
출판등록 | 2011년 10월 4일 제25100-2012-000039호
주소 | 02057 서울시 중랑구 용마산로 636. 베네스트로프트 102동 601호
전화 | 02-432-5333
팩스 | 02-6007-9858
이메일 | gongmyoung@hanmail.net
블로그 | http://blog.naver.com/gongmyoung1
ISBN | 978-89-97870-81-3(03910)
사진 출처 | 백범김구선생기념사업협회, 독립기념관

• 책값은 뒤표지에 있습니다.
• 이 책의 내용을 재사용하려면 반드시 저작권자와 공명 양측의 서면에 의한 동의를 받아야 합니다.
• 잘못 만들어진 책은 바꾸어 드립니다.